문화어 수업

일러두기

1. 이 책은 가상의 평양 체류기 형식으로 쓰였고, 등장인물들 역시 모두 가상의 인물이다.

2. 책의 본문은 한성우가 썼고 북녘을 설명하는 상자글은 설송아가 주로 썼다.

3. 본래 하나의 말인데 지역에 따라 다르게 쓰이는 말이라는 것을 강조하기 위해 '남한말'과 '북한말' 대신 '남녘말'과 '북녘말'을 썼다. 이에 따라 '남한'과 '북한'도 '남녘'과 '북녘'으로 썼다.

4. 대화는 각 지역의 방언을 그대로 살리되 표준어의 맞춤법을 준용해 표기했다.

5. 본문 속 사진은 모두 평양의 풍경이며, 대부분 플리커(www.flickr.com)에서 상업적으로 이용 가능한 사진들을 선별해 사용했다.

문화어 ★ 수업

다음 세대를 위한
요즘 북한 말, 북한 삶 안내서

● 한성우·설송아 지음 ●

어크로스

오랜 시간 동안 북녘의 말을 조사하고 연구해오면서 언젠가는 그 땅의 말을 이야기로 풀어내보고 싶은 이가 있었다. 태어나 40년 넘게 살아온 북녘 땅을 떠나 낯선 곳에 살면서 그 땅의 말에 대한 기억이 희미해져 가는 것을 안타까워하는 이가 있었다. 그리고 북녘의 말에 대한 책도 하나쯤 출판목록에 올리고 싶은 출판사가 있었다. 어느 날 판문점에서 남북 정상이 굳게 손을 잡는 장면을 보면서 두 사람과 출판사가 뜻을 모으고 힘을 합쳤다.

통일의 기운이 무르익는 시점이니 꼭 필요한 책인 것은 분명한데 어떤 모습의 책이어야 하는지가 문제였다. 북녘의 말에 관한 책이 넘쳐 나지만 자료집 성격을 띤 책은 오랫동안 손에 잡고 읽을 만한 책은 아니다. 남북의 말에 대한 차이를 부각해 흥미를 끌려는 책은 있었으나 올바른 관점을 제시하고 합리적인 이해를 이끌어낼 수 있는 책은 드물다. 이런 상황 속에서의 갖가지 고민이 어우러져 평양말 체험기 혹은 기행문 형식의 이야기가 꾸려지고 그것이 스무 차례의 강의로 구성되었다.

필자 가운데 한 사람인 한성우는 그동안 자신의 연구 결과를 정리하고 이미 이루어진 조사와 연구에서 필요한 것들을 추출해냈다. 또 한 사람인 설송아는 자신의 기억을 되살리고 주변의 사람들로부터 자료를 보충했다. 그렇게 모은 자료들을 삶 속에서 부딪치는 장면에 따라 분류하여 이야기로 엮었다. 대화 속에서 실제의 말을 드러내고 그것을 자연스럽게 풀어내며 필요한 설명은 따로 덧붙였다.

남북의 말과 관련된 이제까지의 책과는 다른 형식으로 책이 만들어진 것은 물론 관점 또한 다르다. 모든 이들이 남북의 언어 차이를 부각하는 마당에 이 책은 오히려 차이가 없다고 말한다. 차이가 있다면 그것은 당연한 것이고, 그마저도 이해하려면 이해할 수 있다고 주장한다. 다른 것마저도 같게 통일하려고 노력할 게 아니라 모두 하나로 통합시켜 끌어안으면 된다고 외친다.

이러한 외침은 오랜 시간 동안 방언을 다루어 온 연구자와 북을 떠나 남에 자리를 잡은 이의 실제 경험에 의지한 것이다. 지역에 따라, 그리고 오랜 기간 동안 분단된 남과 북의 말이 왜 안 다르겠는가? 그러나 지역마다 다른 말들도 결국은 한국어라는 커다란 틀 속에 포함되는 말이고, 남과 북의 말도 본래는 한 뿌리였다. 결국 다름을 접하고 그 이면을 들여다보니 같음을 발견한 경험을 이 책에 담았다.

이러한 두 사람의 경험이《문화어 수업》이라는 책으로 엮일 수 있었던 것은 온전히 김형보 대표와 이환희 편집자 덕이다. 김형보 대표는 흔적도 남기지 못하고 사라질 수도 있는 이야기를 잘 끌어내주어 또 하나의 책을 만들어 주었다. 이환희 편집자는 늘 긍정적인 시각으로 원고의 방향을 잘 이끌어 주었다. 꼼꼼하게 원고를 읽어주고 생각의 오류까지 잡아준 김정희 님, 본문의 디자인을 맡은 박은진 님과 멋진 표지를 만들어준 이유나 님 덕에 더 나은 책이 될 수 있었다. 그리고 마지막 순간까지 오탈자를 잡아준 어크로스의 편집진 덕에 오류를 조금이나마 줄일 수 있었다.

이름을 일일이 열거하기 어렵지만 이 책이 만들어지기까지 가장 큰 도움을 준 것은 역시 '이 땅의 모든 말'을 쓰는 '이 땅의 모든 이들'이다. 그리고 이 말들을 수집하고 연구해 많은 결과를 남긴 연구자들의 덕도 컸다. 같은 말을 사용하는 모든 이들, 같은 말을 연구해온 모든 이들에게 감사를 드린다. 그리고 남녘땅에 정착해서도 북녘의 말을 잊지 않고 정보를 준 이들, 특히 함경북도 회령 출신의 최희 박사님께 감사를 드린다.

가보지 못한 땅에 대한 가상의 체험기, 떠나온 땅의 말에 대한 기억의 재구성은 여기까지였으면 한다. 다음에 나올 책은 실제로 보고 듣고 느낀 것에 대한 생생한 체험, 그리고 다시 찾은 고향의 말에 대한 감동으로 채워지길 기대한다. 그날까지, 그리고 그날 이후에도 이 책이 조금이나마 도움이 되길 기원한다.

2019년 7월
필자를 대표해 한성우

차례

▌ 평양으로 가는 첫 번째 문, 도라산역의 안내판

문화어 수업을
시작하며

"오랜만이네요. 요즘 잘 안 보이시던데 어떤 책 쓰시기에 그렇게 두문불출하셨어요?"

"아, 모르셨군요. 지난 반년 동안 가족들이랑 평양에서 지내다 왔어요."

"방언조사 때문에요? 그런데 무사히 다녀오셨어요?"

"네, 평양말 배우러 가서 잘 지내다 무사히 왔어요."

"곧 북한말에 대한 책이 나오겠네요. 기대돼요."

오랜만에 만난 지인, 생각해보면 뻔한 거짓말인데 너무도 쉽게 믿어준다. 간절한 마음이 통해서일까? 북녘의 말에 대한 책을 한 권 써야겠다는 생각은 오래전부터 있었는데 2018년 4월 27일 판문점에서 열린 남북정상회담을 지켜보며 서둘러야겠다는 생각이 들었다. 그러나 가보지 못한 땅의 들어보지 못한 말에 대해서 이야기한다는 것은 방언연구자에게는 있을 수 없는 일이다. 설사 북녘 땅에 들어간다 하더라도 조사는커녕 갇혀 있어야 할 터이고, 우여곡절 끝에 남녘으로 돌아온다 하더라도 집필은 꿈도 못 꾼 채 조사를 받느라 세월을 보낼 수밖에 없을 것이다. 그러나 모든 방법을 동원해 마음과 머리로나마 지난 반년을 평양에서 살았다. 그러니 지인에게 한 말은 거짓이지만 내게는 거짓말이 아니었다.

북녘의 말에 대한 자료와 책이 넘쳐나는 상황에서 책을 하나 더 보탤 필요가 있을까? 이 책에서 펼쳐지는 평양에서의 가상 체류는 이러한 질문에 대한 고민의 결과이다. 중고등학교 교과서에도 남북의 언어 차이에 대한 단원이 있다. 연구보고서와 자료집은 물론 단행본도 많고, 신문 및 방송 보도도 끊이지 않는다. 남녘에 자리를 잡은 북녘 사람들이 방송에 나와 직접 그들의 말과 그에 관련된 일화를 들려주는 프로그램도 있다. 심지어 남과 북의 말을 비교해주는 스마트폰 애플리케이션도 있다. 여기에 반찬 하나 더 없는다고 해서 달라질 것은 없어 보인다.

그런데 이토록 많은 결과물에도 불구하고 북녘의 말에 대한 남녘 사람들의 이해는 부족하기만 하다. 다른 말, 이상한 말, 웃긴 말, 과격한 말 등에 대한 단편적인 기억만 있을 뿐이다. 남북의 말이 차이가 크다는 막연한 추측, 북녘의 사람들이 이상하거나 웃긴 말을 쓴다는 편견, 그리고 북녘의 말은 섬뜩할 정도로 과격하다는 선입견 등이 그것이다. 이제까지의 모든 관심이 차이가 나는 것, 흥미를 끌 만한 것, 비난의 소재로 삼기에 적당한 것에만 집중된 결과이다. 북녘의 말을 있는 그대로 보여주고 자연스럽게 소통하며 이해할 수 있도록 돕는 노력이 부족했던 것이다. 이렇게 골라낸 것, 그리고 과장한 것 몇 개를 빼면 일상의 말들은 남과 북이 크게 다르지 않다.

이 책에서는 북녘 사람들의 일상 속으로 들어가 그들의 말을 있는 그대로 들여다보기 위해 가상의 평양살이를 시도했다. 우리의 일상은 먹고, 입고, 자고, 가고, 오고, 보고, 듣는 것으로 이루어진다. 그 가운데 오고가는 말이 참된 말이고 그 말을 이해하고 그 말로 소통할 수 있으면 되는 것이다. 가끔씩 귀에 턱턱 걸리는 말, 머릿속에 쏙쏙 들어오지 않는 말들이 있지만 삶 속에 쓰이는 말의 대부분은 자연스럽게 이해된다. 편견이나 선입견을 걷어내고 귀를 기울이거나 맥락을 살피면 나머지 말들을 적당히 이해하며 소통해나갈 수 있다. 이런 일상의 말을 관찰자가 아닌 참여자로서 서술하기 위해서는 짧은 시간 마음과 머리로나마 평양에 살아야 하는 것이다.

온 가족이 함께 살아야 삶을 온전히 경험할 수 있기에 아내와 딸도 가상의 평양살이에 함께하는 것으로 이야기를 구성했다. 평안도말로 박사논문을 쓰고, 함경도말을 쓰는 중국의 연변 지역을 여러 차례 다녀온 방언학자 한겨레는 북녘의 말을 꽤 잘 알고 있으니 안내자이자 해설자로 등장한다. 교육학을 전공한 아내 신혜원과 중학교 2학년 딸 슬기는 평양에서의 모든 삶에서 좌충우돌한다. 북녘의 공훈미술가이자 대학교수인 리청지 교수와 공무원인 그의 아내 김옥성, 그리고 중학교 1학년 딸 예리가 한겨레 가족의 평양살이를 돕는다. 리청지는 평양 출신이고 김옥성은 함경북도 회령 출신이니 각각 평안도와 함경도의 화자를 대표한다. 그리고 딸 예리는 그 세대의 말을 잘 보여준다.

리청지 교수 가족이 평양살이를 돕기는 했지만 북녘의 말에 대한 실질적인 조력자는 공동 집필자 설송아 기자와 각종 자료들이다. 2008년 평양을 떠나 중국을 거쳐 남녘땅에 자리를 잡은 공동 집필자는 평안남도 순천이 고향이다. 40년 넘게 북녘의 삶과 말을 경험했으니 머릿속에 있는 것, 그리고 입을 통해서 나오는 모든 것들이 이 책의 바탕이 되었다. 또한 말뿐만 아니라 북녘의 현실을 이해하는 데 도움이 될 만한 구체적 서술까지 보탰다. 여기에 그동안 이루어진 북녘말에 대한 연구결과와 각종 자료집, 그리고 북녘의 드라마·영화·소설 등이 한몫했다. 웬만한 자료는 다 참조할 수 있고 드라마와 영화는 동영상으로 제공되니 샅샅이 뒤져가며 그들의 삶과 말을 익힐 수 있었다.

이렇게 북녘의 자료와 영상물 속에서 살다보니 몸은 남녘에 있되 삶은 평양에서 사는 것과 다름없었다. 2차 세계대전 당시에 《국화와 칼》을 쓴 루스 베네딕트가 되어보기도 했다. 한 번도 일본에 가보지 않았던 그가 한 것처럼 북녘땅 밖에서 그 땅의 사람들과 함께 살며 그들의 말을 들여다보았다. 2차 세계대전 시기에 살았던 베네딕트보다 훨씬 더 많은 자료와 경험자들이 있다는 것은 축복이었다. 게다가 궁금한 것이 있으면 언제든지 조언을 해줄 수 있는 공동 집필자와 사람들이 있었으니 루스 베네딕트보다는 훨씬 손쉬운 환경에서 작업을 한 셈이다.

남북의 말이 차이가 없고, 서로 이해하려고 들면 얼마든지 할 수 있다고 강변하면서도 서술은 어쩔 수 없이 차이가 나는 것, 흥미로운 것 중심으로 할 수밖에 없다. 모든 것이 똑같다면 더 이상 얘기할 거리도, 이 책을 쓸 거리도 없으니 말이다. 반대로 모든 것이 다르다면 그 역시 이야깃거리가 되지 않는다. 많은 것이 같되 부분적으로 다른 것이 있을 때 그 다른 것마저 오롯이 이해할 수 있도록 해야 하는 것이다. 따라서 일상의 소소한 말들을 중심으로 하되 귀를 기울여야 하는 것들, 이해하려고 노력해야 하는 것들을 중심으로 상황과 대화를 엮는다. 방언에 대해 서술할 때도 마찬가지다. 방언을 이야기할 때 누구나 다름을 강조한다. 그런데 이 다름은 같음을 전제로 하는 것이다. 다르다고 제시되지 않는 나머지는 거의 같으니 다른 것에 대해 이야기하는 것은 차이를 강조하거나 고착화하려는 것이 아니라 다른 것마저 이해하기 위한 시도이다.

《문화어 수업》이라는 제명 아래 이 책은 총 스무 차례의 강의로 구성했다. '표준어'가 남녘의 말을 대표하듯이 '문화어'는 북녘의 말을 대변한다. 표준어에 오로지 서울말만 있는 것이 아니듯, 문화어에도 평양말만 있는 것이 아니다. 따라서 문화어는 북녘의 말을 아우르는 말로 이해해도 좋다. 수업을 표방하고 있지만 강의실에서 딱딱하게 이루어지는 그런 수업은 아니다. 묘사되는 상황과 대화, 그리고 이어지는 설명 속에서 자연스럽게 이해하면 된다. 스무 차례에 걸쳐 이루어지는 수업에서 모든 것을 다 다룰 수는 없으니 나머지는 일상에서, 그리고 통일 이후에는 직접적인 접촉을 통해서 배워나가면 되는 것이다.

모든 수업이 그렇듯이 밑줄을 쫙 그어야 하는 내용은 여러 번 강조할 수밖에 없다. '같다' '다르지 않다' '이해할 수 있다' '이상하지 않다' '받아들일 수 있다'라는 서술이 그렇다. 독자의 귀에 못이 박힐 정도로 이 표현을 반복할 수밖에 없는 것은 그동안 우리의 머리와 가슴에 각인된 선입견과 편견 때문이다. 그 선입견과 편견을 지워내기까지 많은 시간이 필요할 것이다. 이 책 속 스무 차례의 수업이 그 과정에 도움이 되리라 믿는다.

한겸재   한국의 한 대학 국어국문학과 교수이자 방언학자. 평안도 방언을 주
제로 박사학위를 받았으며, 함경도 말을 쓰는 중국 연변 지역에 여러
차례 다녀왔다. 평소 남북 언어 통합 문제에 많은 관심이 있었다. 평
양에 체류하는 동안 보고 들은 말을 풍경화처럼 그린다.

신혜원   교육학을 전공한 교수로 한겸재의 아내다. 북한의 교육 및 사회의 여
러 모습에 흥미를 느낀다.

한슬기   한겸재와 신혜원의 딸로, 부모님의 갑작스러운 평양살이에 잠시 학
교를 쉬고 합류하게 되었다. 한 살 어린 리청지 교수의 딸 리예리와
가깝게 지내면서 평양의 청소년 문화를 접한다.

리청지   북한 어느 대학의 교수이자 예술가. 대학에서 미술을 가르친다. 평양
출신으로 평안도말을 쓴다.

김옥성   평양의 관광 업무를 담당하는 공무원으로 리청지 교수와는 부부 사
이다. 함경북도 회령 출신으로 함경도말을 사용한다.

리예리   리청지와 김옥성의 딸로, 중학교 1학년이다. 북한의 요즘 세대가 쓰
는 말을 잘 보여준다.

▌ 대동강이 가로지르는 평양의 모습

식사 시간

말이 어우러지면 국물 맛이 진해진다

새살림거리, 거리 이름이 참 예쁘다. 고층건물과 다닥다닥 붙어 있는 집들이 시야에서 사라지고 드문드문 보이는 밭 사이로 가정 집들이 보이는 걸로 봐서 새살림거리의 끝자락쯤 온 것 같다. 가끔 씩 보이는 상점의 간판들, 붉은 바탕에 흰색 페인트로 두툼하게 쓴 플래카드의 문구들을 빠짐없이 눈에 담느라 차창에서 눈을 떼지 못한다. 나의 정적, 그리고 아내와 딸의 소곤소곤 대화가 어색했던 지 리 교수가 말을 꺼낸다.

"인차 거의 다 와시오. 땅집이 완전히 많디요? 평양두 이케 시내 를 좀 벗어나문 쭈욱 이시오, 땅집이."

"땅집이요? 그럼 아까 본 높은 건물은 하늘집인가요?"

"하하하, 우습다야. 기게 하늘집이 아니구 기냥 아파트라 한다. 야~ 슬기가 이 아저씨한테 처음으로 말 걸었다야. 슬기야, 이 아저 씨가 그리 무서웠? 이젠 말 좀 트이갓구나."

평안도 사람들의 말을 들을 때 발음상의 특징으로 가장 먼저 관찰되는 것은 소위 구개음화나 두음법칙과 관련된 것들이다. 또한 다른 지역에서는 'ㅆ'으로 나타나는 것이 평안도에서는 'ㅅ'으로 나타나는 것도 특징적이다. 평안도 사람들은 '았/었'이나 '겠', 그리고 '있다'의 'ㅆ'을 'ㅅ'으로 발음한다. 그래서 '너 언제 왔어'를 평안도말 그대로 쓰면 '너 언제 왓어'가 된다. 맥락을 모르는 채 이 말을 들으면 '너 언제 와서……'와 같이 들려 뒤에 다른 말이 이어져야 할 것 같은 느낌을 받는다. '이시오'나 '걸엇다'에 'ㅆ'이 아닌 'ㅅ'을 쓴 이유가 이것이다. 남녘에서는 '무서웠어?'로 쓰고 [무서워써]라고 발음하는 것을 평안도에서는 '무서웟어?'로 쓰고 [무서워서]라고 발음한다. 구어에서는 이마저도 '무서원?'이 된다. 이러한 발음상의 특징은 황해도에서도 나타난다.

'와시오'와 '이시오'는 '왔어요'와 '있어요' 정도에 해당하는 평양말을 방언 맞춤법에 따라 적은 것인데 남녘 사람들에게는 매우 낯설게 보일 수밖에 없다. 이를 설명하기 위해서는 많은 국어학적 지식이 동원되어야 하므로 생략한다. 판문점 정상회담 후 유행어가 된 김정은 위원장의 말을 방언 맞춤법에 따라 정확하게 적으면 "멀다고 말하면 안 되갓구나. (평양냉면을) 맛잇게 드셋으면 좋겟습니다"가 된다. 이것을 전형적인 평안도말의 해요체로 바꾸어 쓰면 "멀다고 말하면 안 되가시오. 맛잇게 드셋으면 둏가시오"가 된다.

'땅집'이란 말이 재미있었던지 딸아이의 말문이 트였다. 처음 듣는 말이지만 아이가 눈치껏 그 뜻을 파악한 듯하다. 사실 집은 땅에 지으니 당연히 모든 집은 땅집이다. 그런데 어느 날부터인가 하늘

높이 솟은 집들이 생겨나고 그곳에 사람들이 켜켜이 살게 되면서
부터 새로운 이름이 필요해졌다. '아파트먼트 하우스Apartment House'
라는 긴 단어가 일본을 통해 '아파트'라는 이름으로 들어왔다. 그리
고 아파트가 '공동주택'이니, '땅집'은 '단독주택'이라는 이름을 새
로이 갖게 되었다.

　땅집밖에 없을 때는 이름이 필요 없다가 땅집이 아닌 집을 구별
할 필요가 생겼는데, '아파트'는 영 매력적이지 못한 이름이다. '땅
집'에 운을 맞추려면 '하늘집'이 되어야 할 텐데 그런 말은 없다. 남
녘에서 먼저 고층의 공동주택이 지어지고 그것이 '아파트'라 불리
다보니 북녘에서도 자연스럽게 그와 비슷하게 받아들인 듯하다.

1989년 제13차 세계청년학생축전을 계기로 평양시 광복거리에 원형식 고층아파트가 건설되기 시작했다. 1990년대 통일거리에 건설된 아파트는 탑형 아파트이다. 김정은 시대에 들어 려명거리에 건설된 60층 이상의 초고층 아파트는 두 형식을 복합적으로 적용해 지었다. 평양시 중심 구역을 벗어난 선교 구역, 평천 구역에는 1960년대 러시아식으로 건설된 2~3층 아파트와 단층집이 많이 들어서 있다. 사동 구역을 비롯한 교외에도 아파트 뒤로 땅집들이 많다. 2000년대 들어서면서 평양시 구역마다 도시건설 계획에 따라 아파트 건설을 추진하고 있다. 지방도시에는 보통 도로 주변에만 3~10층 아파트가 건설되어 있고 그 외는 대부분 땅집이다.

땅집에는 단독주택과 하모니카주택이 있다. 평양시 간부들은 중구역 아파트에서 살거나 2층 단독주택을 공급받아 살기도 한다. 지방정부 행정위원회위원장 직급 간부에게는 단독주택이 공급된다. 하모니카주택은 공업도시의 노동자들에게 공급되는 국가 주택이다. 집 한 채를 여러 칸으로 나눠놓아, 마치 하모니카처럼 보인다 하여 붙은 이름이다. 땅집은 아파트와 반대되는 말이기도 하고 서민주택을 가리키는 말이기도 하다.

"저기 새파란 대문집이 우리 집입니다. 딸내미랑 집사람도 나와 이시오."

드디어 도착한 리청지 교수의 집, 평양 교외에 위치한 아담한 집 대문 밖까지 온가족이 나와 반갑게 맞아준다. 학교 측에서 마련해준 숙소를 떠나는 것도 드물거니와 가정집을 방문하는 것은 처음이다. 모든 것이 낯설어서 이리저리 쳐다보느라 정신이 없는 우리 가족을 향해 리 교수의 부인이 반갑게 인사를 건넨다.

"어이 왔음둥, 그 먼 길을 어이 왔음둥?"

"예리 어머니는 함경도가 고향이신가요?"

"그걸 암까? 한 선생님이 방언 연구한다 하시길래 내 그럴 줄 알고 우정 고향집 회령 아매들 흉내 냈단 말임다."

1999년 여름, 함경북도 회령 건너편의 중국 땅 삼합에서 보름간 머물며 들었던 바로 그 말이다. 전설적인 탁구선수 현정화 씨마냥 탁구대 앞에 딱 붙어서 전진속공으로 말을 받아넘기는 함경도 특유의 말투다. 아내나 딸이 얼마나 알아들을까 걱정되기도 했지만 사실 걱정할 필요가 없다. 관심을 가지고 몇 번 들으면 금세 익숙해질 말이다.

"평안도 서나가 함경도 안까이랑 사시는군요. 함경도 나그네랑 평안도 에미네가 어느 조합이 더 낫습니까?"

"질문이 벨랗습니다. 할라꼬이 여자가 좀 쎄긴 하지만 세간살이 깨끗하게 하지요 뭐."

"할라꼬이요? 함경도 사람을 그리 부르나요?"

"옳습다. 저 나그네가 성이 나면 나를 그리 부릅다."

"어데 사람이든 맘이 맞고 뜻이 맞는 거이 젤이디 다른 거이 필요하가시오? 남남북녀라 했으니 그래두 평안도 남자랑 함경도 여자래 만나는 거이 낫디 않갓습니까?"

초면에 좀 무례한 질문을 한 듯해서 아차 싶었으나 '할라꼬이'라는 은어까지 동원하며 리 교수가 재치 있게 넘긴다. 함경도말이 빠르고 악센트가 강해서 만들어진 말이라는데 기원이 궁금하다. 북녘에도 지역에 대한 편견은 있는 듯한데 리 교수의 말처럼 출신 지역으로 편을 가르는 것보다 사람의 뜻과 마음이 먼저다. 그런데 '남남북녀'를 저렇게도 쓸 수 있구나 하는 생각이 든다. 북녘의 응원단이 남녘에 올 때마다 지겹도록 들었던 말이 '남남북녀'다. 그때는 휴전선 경계로 남과 북이 나뉘었는데 리 교수는 평안도와 함경도를 다시 남북으로 나누고 있다. 남과 북을, 동과 서를 나누고자 하면 어디서나 가능하고 굳이 편을 가르고자 하면 언제든 가를 수 있다. 괜한 말을 한 듯한 느낌을 지울 수가 없다.

"딸 예리임다. 슬기보다 한 살 어림다. 이제 그만 아낙으로 들어오시라요. 이러다 해지겠슴다. 안방으로 안내하겠슴다."

그리 넓지도 않고, 세간도 많지 않지만 잘 정돈된 집의 '안까이'가 '아낙'으로 안내해 '안방'을 소개한다. '안까이'와 '아내', 그리고 '아낙네'는 서로 뜻이 통하는 말이다. 평안도말 '아낙'은 '안'이라는 뜻인데 남녘에서는 '아낙네'라는 단어 정도에만 남아 있다. '안'도 본래 '않'이었고, '아내'도 과거에는 '안해'였으니 모두 '안'과 관련이 있다. '아낙네'는 '안에 있는 사람' 정도의 뜻이니 본래 안채의 주인을 가리킨다. '안방'은 안채에 있는 방을 가리키는데 본래 아녀자가 생활하는 방이었다. 그런데 세상이 바뀌어 바깥채에 있는 '사랑방'을 잃은 남편이 안방으로 쳐들어가는 바람에 부부의 방이 된 것이다.

"예리 오마이, 밥상 안 됐어? 한 선생님! 따끈할 때 저녁식사 해야 하디 않갔습니까. 술도 디리오라. 한 선생님 대동강 맥주 어떻습니까?"

음식이 식을까봐 걱정이 됐는지 리 교수가 재촉을 한다. 커다란 상 두 개를 겹친 밥상 위에는 정성들여 차린 제철 채소, 물고기, 육고기가 균형을 이루고 있다.

"듭시다. 먼저 맥주 한 고뿌 쭉 냅시다."

'원샷'에 이어 일제히 젓가락과 숟가락이 오간다. '원샷'이나 '한 고뿌 내기'나 이상하기는 마찬가지다. '원샷'은 영어 'one shot'일 텐데 정작 영어 사용자는 못 알아들을 말이다. 'cup'이 일본을 통해 '고뿌'로 이 땅에 들어왔다가 다시 '컵'이 된 것은 그리 오래전이 아닌데 북녘 땅에서는 여전히 '고뿌'다. 그래도 시원하게 한 컵을 내고 다시 한 컵을 받으니 입맛이 더 돈다. 아무래도 고기보다는 제철 채소와 평안도식 김치에 관심이 쏠린다.

"한 선생님, 기케 찔게만 드시디 말구 반찬 좀 들라요. 풀만 먹구 힘이 나가시오?"

"옳습니다. 물고기라메, 돼지고기라메, 닭알이라메 많이 드시란 말임다. 그리 햄새만 잡수무 아이 좋잼까?"

"저는 짠지나 콩나물, 시금치 메운 거 이런 걸 좋아합니다. 고기 반찬은 의사 선생님이 먹지 말랍니다."

몇 술 뜨지도 않았는데 너무나 많은 말들이 오가고 아내가 어리 둥절해한다. 처음 듣는 평안도말 '찔게'와 함경도말 '햄새'가 한꺼번에 등장하니 그럴 법도 하다. '반찬'은 아는 말이긴 한데 '찔게'와 반대말인 듯하니 그것도 이상하게 들릴 것 같다. 남녘에서 '건건이'와 '반찬'이 구별되듯이 북녘에서도 마찬가지다. 물고기나 육고기로 만든 것만 '반찬'이고 나머지는 '찔게, 햄새, 건건이'인 것이다. 고기가 귀하던 시절 만들어진 말들이지만 고기가 흔해진 요즘에도 여전히 쓰인다.

'짠지'는 더 혼란스럽다. 남녘에서 짠지는 보통 무나 오이 등을 소금물에 담가둔 것을 뜻한다. 그러나 황해도 이북에서는 '짠지'가 남녘의 '김치'라는 말을 대신한다. 남녘에서 짠지라고 부르는 그 음식은 '짠짠지'라고 한다. 어색하고 낯설기는 하지만 '짠지 = 김치'의 등식을 성립시켜놓고 나면 이해가 된다. 물론 '김치'라는 말이 세력을 넓혀가고 있어서, 평안도 사람들도 '김치'를 알고 이 말을 쓰기도 한다.

북녘의 밥상은 지역과 계층에 따라 차림새가 다르다. 평안도 밥상에 오르는 기본 음식은 밥과 국, 그리고 김치를 비롯한 찔게이다. 여기에 양념간장과 고춧가루가 상에 함께 오른다. 중산층 이상 주민들은 황해도 햅쌀에 찹쌀을 섞어 먹거나 숙천군 열두삼천리벌에서 나오는 검은 찹쌀을 먹는다. 검은 찹쌀은 중앙당 간부 공급용 쌀이어서 일반 주민들은 먹을 수 없다. 가난한 주민들은 밥의 양이 많이 불어나는 남녘의 호남 쌀이나 베트남의 안남미를 먹는다. 옥수수를 타개서 만든 강냉이밥을 먹기도 한다.

상류층은 명태식해나 까나리볶음 등을 찔게로 올리지만 보통은 건댕이젓찜, 된장떡, 오가리 찔게 등을 올린다. 건댕이젓찜은 새우의 일종인 곤쟁이와 밀가루를 밥솥에서 쪄낸 것이고 오가리는 각종 채소를 얇게 썰어 말린 것이다. 밥상에는 국 간을 맞추도록 간장이 반드시 오르며, 기호에 따라 맵게 먹을 수 있도록 고춧가루가 오른다.

이 땅의 어디서든 나물을 무치는 방법은 비슷한 듯하다. 데쳐낸 나물거리에 '갖은 낭념을 두고 메우는 것'만 차이가 날 뿐이다. 양념을 '넣다'나 '뿌리다' 대신 '두다'를 쓰는 것, 그리고 '무치다' 대신 '메우다'를 쓰는 것은 맥락으로 그 뜻을 파악할 수 있다. 그저 단어 하나만 들으면 뜻을 알기 어렵지만 맥락으로 들으면 어느 정도 그 뜻이 파악된다. 사실 어릴 적에도 단어의 뜻을 이렇게 배우지 않았나. 누군가 사전을 들고 가르쳐준 것이 아니라, 그저 이야기를 들으며 자연스럽게 의미를 익혔던 것이다. 북녘말을 배우고 이해하고자 한다면 어린 그 시절로 마음만이라도 돌아가는 것이 좋겠다.

콩나물이나 시금치 무침은 그 자체만으로도 충분히 맛이 있는데 어느 순간 조미료 맛이 더 강하게 느껴질 때가 있다. 우리가 쓰는 말에서도 조미료가 재료 본연의 맛을 대체하는 듯 느껴지기도 한다. 고유어인 '찔게, 햄세, 건건이'가 한자어 '반찬'과 대립을 이루며 쓰이다가 그마저도 '반찬'으로 대체되는 것은 강력한 조미료 '아지노모토'에 우리의 갖은 양념이 밀려나는 것을 연상케 한다. '짠지'와 '짠짠지'가 '김치'에 밀려나는 것도, '두다'와 '메우다'가 쓰이던 자리에 표준어가 맞내기처럼 들어오는 것도 마찬가지다. 어차피 말이란 것은 '갖은 낭념을 두고 메워낸 찔게' 같은 것이다.

상차림을 보면 남녘과 크게 다를 것이 없는데 한가운데 있어야 할 무엇인가가 없다. 아내도 내심 그것이 이상했나보다.

"예리 어머님, 댁에서는 국 말고 찌개는 안 드세요?"

"찌개요? 그게 뭡니까?"

"밥상 한가운데 놓고 여러 사람이 떠먹을 수 있는 거요. 국보다는 좀 더 국물을 덜 잡고 끓이는 거……."

"모릅다."

북녘의 찌개 맛이 궁금한 아내의 질문에 리 교수 부부는 모른다고 답해온다. 가리키는 대상이 있어야 이름이 있을 텐데 대상이 없으니 이름도 없다. 사실 찌개가 없는 지역, 국과 찌개가 구별되지 않는 지역이 의외로 많다. 평안도도 마찬가지다. 저마다 밥그릇 옆에 두고 떠먹는 국은 있지만 여럿이 함께 먹을 수 있는 찌개는 없다. 말이 이리저리 흘러다니듯이 음식도 흘러다닌다. 언젠가는 이곳에도 찌개와 같은 음식이 들어올 테고 그 이름은 아마 찌개가 될 것이다. 있던 말이 변하거나 사라지고, 없던 말이 들어와 다시 변하고, 그것이 다시 퍼져나가는 식으로 말들이 어우러져 짙은 국물 맛이 우러날 것이다.

"까마티 밥 드실람까? 까마티 밥이 머인지 금방 알리잼까?"

"숭늉 있습니까? 오랜만에 숭늉 마시고 싶습니다."

전자밥솥의 등장과 함께 없어진 누룽지는 함경도말로 '까마티'

라고 한다. 남녘에 '깜밥'이라고 하는 지역도 있으니 결국은 조금 탄 듯 솥바닥에 눌러 붙은 밥을 뜻한다는 것이 금세 알린다. '알린 다'는 말이 '알게 되다'의 의미인 것도 바로 알린다. '다른 것'을 '이상한 것'으로 보면 이해가 되지 않는다. 그러나 호기심과 애정이 가득 찬 귀로 들으면 그 뜻이 자연스럽게 이해되고 착착 감긴다.

"겸재 선생님! 여기 말을 조사하고 싶다고 하셨습네까? 우리가 어카문 되갓습니까. 두발 벗구 돕게스리 말씀하시라요."

"딱 오늘 같으면 됩니다. 오늘 댁에서 보여주고 들려주신 것처럼 여러 곳으로 안내해주시면 됩니다. 귓구녕 크게 열고 듣겠습니다."

"우리 나그네까 어디든 갑소. 안까이들이 필요하면 내가 가무 됩다. 어디든 가기쇼. 이 김옥서이가 다 안내하겠습다. 김옥성, 이 이름이면 평양에서는 아이 통하는 데가 없쟴까. 날마당 붓만 잡고 선생지르 하는 나그네보다 내가 날 겜다."

이 선생님 부인의 말이 시원스럽기 그지없다. 그나저나 가끔씩 '알아 못 듣는' 말이 걱정이다. 시간과 관심, 그리고 열린 귀와 마음이 문제이긴 하지만.

부엌 풍경

말은 설거지 거리가 아니다

"겸재 선생, 하고 싶은 말 있음 하라요. 꽁하게 길디 말구 말하라
요. 내래 다 들어주가시오."

"혹시 베케 좀 둘러봐도 될까요?"

"베케요? 무슨 넷날 말을 쓰십니까. 지금은 평양 사람들도 부엌
이라 기래요."

"아, 죄송합니다. 제가 책으로만 평양말을 배워서요. 그래서 이렇
게 직접 보고 들으러 온 것 아닙니까."

"긴데 참 벨랑습니다. 무슨 남자가 부엌에 딜이가자 깁니까. 데게
야 네펜네 세상인데요."

자꾸 부엌 쪽으로 향하는 내 시선이 의아했던지 리 교수가 먼저
물어본다. 리 교수 집 아낙에 들어오는 순간부터 제일 가보고 싶었
던 곳이 부엌이다. 초면에 실례가 될까봐 꾹 참고 있었을 뿐이다.
상을 물릴 무렵에서야 말은 차마 못하고 얼굴에 가득 바람을 담았
더니 드디어 반응이 왔다.

"일 없슴다. 감출 거이 머 있겠슴까. 보자 하니 같이 보기쇼."

"아니, 동자질 그 따우 건 알아서 뭐합니까?"

부엌에서의 일을 낮잡아 부르는 말인 '동자질'이 북녘에서는 흔히 쓰이나보다. 아무래도 리 교수는 부엌을 보여주는 것이 싫은 것이 아니라 부엌에 남자가 들어가는 것이 싫은 듯하다. 그게 머잖아 자신이 될 수도 있으니. 그런데 이 집의 권력구도가 재미있다. 아직은 보수적인 북녘 사회가 남자의 권위를 더 인정해주기 때문에 표면적으로는 리 교수가 큰소리를 치는 듯하지만 아무래도 실질적으로는 부인이 이 집의 주도권을 쥐고 있는 듯하다. 매사에 조심스러운 리 교수에 비해 예리 어머니는 시원시원하게 말할 뿐 아니라 바로 행동에 옮긴다.

북녘에서 남성들은 국영공장에 종속돼 일하면서 부양가족의 쌀을 배급받는다. 결혼 이후 여성들은 교원, 군수공장, 회계 등 특수한 직업을 가진 경우를 제외하곤 대부분 전업주부로 남편의 부양가족이 된다. 이러한 구조 때문에 가족을 먹여 살리는 남자는 하늘, 여자는 땅이라는 인식이 고착되었다. 세대주의 건강을 위해 아내들은 푼돈을 모아 토끼, 오리, 닭곰 등 영양식을 해준다. 밥상에서도 남편 밥공기와 수저는 가족들과 구별되고 고급스러운 것으로 장만하려고 노력한다.

그러나 1990년대 경제난으로 국가의 배급제도가 마비되면서 가족을 부양하던 남편의 위상이 급락했다. 가정주부였던 여성들이 장마당에서 생계를 책임지는 세대주로 바뀐 것이다. 남편들이 아내의 장사를 도와주는 것이 미풍으로 되면서 가부장제는 뿌리부터 흔들렸고, 과거 '하늘'이었던 남편은 폭력으로 자존심을 찾으려 하였다. 이로 인해 이혼이 늘어나 사회문제로 대두되기도 하였다.

예리 어머니를 따라 아내와 함께 들어간 부엌, '어떤 불을 쓸까' '조리 도구는 뭘 쓸까' '양념은 어떤 것들이 있을까' 궁금한 것이 한두 가지가 아니다.

"얼마 전까지는 탄불이나 콘로를 썼는데 요즘은 까스도 많이 씀다. 탄불은 갈기 귀찮고 콘로는 성나로 불을 붙여야 하잼까. 까스는 손잡이를 돌리기만 하면 불이 붙어 참 편하단 말임다."

오랜만에 들어보는 '탄불'이다. 석탄, 연탄, 무연탄 등이 모두 '탄'이다. 연탄은 연기가 나는 석탄이란 뜻이니 '연탄'보다는 '탄'이 더 넓은 말이다. '콘로'는 우리의 부엌에서는 1980년대 이후 사라진 '곤로'를 말한다. 물건이 일본에서 발명됐으니 이름도 일본에서 지어졌는데 그 이름 '焜爐'의 발음이 영 애매하다. 일본에서는 '곤로'라 발음하는데 우리 한자음대로 하려면 '혼로'가 되어야 하고 중국식으로 발음하려면 '쿤루'가 되어야 한다. 이러한 혼돈 속에서 북녘에서는 '콘로'를 선택했다. 아무래도 중국어와 남녘말을 적당히 버무린 듯하다.

예리 어머니는 '성나'나 '까스'라는 말은 언제 익혔을까? 함경도 사람이라면 성냥을 '비지깨'라고 해야 할 것 같은데 평안도말로 슬쩍 바꿔 쓰고 있다. '까스'는 아무래도 남녘의 말이 흘러들어간 듯하다. 1939년에 김광균이 발표한 시 〈와사등瓦斯燈〉에도 등장하는 '와사'가 오늘날 말로 '가스'이니 우리에게도 꽤나 일찍 가스의 존재가 알려졌다. 그러나 주방에서 본격적으로 사용되기 시작한 것은 회색으로 칠한 기다란 프로판 가스 통이 일반화되고 난 다음이다. 평양의 살림집에서도 프로판 가스를 꽤 쓰는데, 북에서는 가능하면 고유어를 쓰려고 하지만 '액화수소 가스'를 바꾸어 쓰기란 쉽지 않아 보인다. '아파트'가 그러하듯 '가스'도 남녘의 말이 흘러들어온 것일 수 있다.

북녘 주민들이 사용하는 취사연료는 지역에 따라 다른데 가스, 석유, 전기, 석탄, 나무, 볏짚, 소똥 등이다. 평양시 아파트는 온수난방으로 되어 있으며, 석유가 취사용 연료로 공급된다. 그래서 석유 곤로가 꼭 필요하다. 평양시에는 각 구역마다 연유 공급소가 있으며, 이곳에서 평양 시민들은 공급 쪽지를 가지고 매달 석유를 공급받았다. 경제난 이후 석유 공급이 마비되자 평양 시민들은 전기 곤로를 사용했다. 2000년대 이후 시장의 발달로 LP 가스가 등장해 지금은 전화 한통으로 가스가 배달된다. 평양시 외곽 등 지방은 온돌이어서 난방용 연탄을 취사연료로 사용한다. 탄광과 인접한 지역에서는 연탄을 연료로 사용하지만 탄광과 멀어질수록 연탄 가격이 비싸 나무, 볏짚, 소똥 등을 연료로 사용한다.

"저거이 가싯장임다. 사발이라메 사라라메 머 이런 거 넣어둠다. 밥공기도 같이 두기도 함다."

"가싯장이 찬장인가봅니다. 사라는 접시를 말하나요?"

'찬장饌欌'을 한자 뜻에 따라 풀이하면 음식을 넣어두는 장이 된다. 과거에는 음식과 그릇들을 같이 넣어두었지만, 냉장고가 등장한 이후에는 그릇만 넣어두게 됐다. 이에 대응되는 '가싯장'에서 '가시'는 아무래도 중국어 '家事[jiashi]'에서 온 듯한데 평안도와 함경도를 비롯한 북녘 지역에서 널리 쓰인다. '고뿌'와 마찬가지로 '사라'도 일본말의 잔재다. '고뿌'는 그나마 영어를 일본식으로 발음한 것인데 '사라さら'는 접시를 뜻하는 온전한 일본말이다. 우리도 가끔씩 쓰고 심지어 앞접시를 '식사라'라고 쓰기도 한다. 사실 '접시'도 고유어가 아니다. 한자어도 아니고 '碟子[diezi]'의 중국식 발음을 차용한 것이다. 기본적인 그릇일 텐데 왜 우리의 고유한 이름이 없을까? 있었는데 사라진 것일까?

"쟁개비라메 지짐판이라메 이런 것들은 남조선과 한 가지잼까? 머 이름만 좀 다를 검다."

"여기선 전기밥솥은 안 쓰시나요?"

"저기 있잼까? 전기 압력 밥가맴다."

삶고 지지고 볶고 하는 것이 요리이니 기본적인 조리도구는 남과 북이 별로 다르지 않다. '쟁개비'는 '냄비'이고 '지짐판'은 '프라이팬'일 듯한데 고유한 말로 들어보니 묘한 생각이 든다. 조리할 때 필수적인 냄비는 일본말 '나베なべ'가 들어와 우리말로 자리를 잡

은 것이다. 프라이팬은 영어 'frying pan'을 발음대로 쓰는 것인데 남녘에서는 '지짐판'이나 '튀김판'으로 순화해서 쓰라고 권유하고 있지만 그리 쓰는 사람은 드물다. '냄비'는 이미 외래어 냄새도 안 나니 우리말의 일부로 완전히 자리를 잡았고, '프라이팬'도 대체되기는 어려울 듯하다. '가매'는 '가마'인데 남녘에서는 큰 솥을 '가마솥'이라 하니 그 뜻은 쉽게 파악이 되지만 전기를 쓰는 밥솥에도 쓰니 좀 낯설 뿐이다.

외래어 혹은 외국어 문제는 남녘에서도 그랬지만 북녘에 오게 되니 더 고민하게 된다. '순화'라는 명목하에 우리말 혹은 고유어로 바꾸어야 하는 것인지, 그저 소통만 된다면 편한 대로 두어야 하는 것인지. 많이 배운 사람들, 그리고 젊은 사람들은 아무렇지도 않게 쓰는데 그렇지 못한 사람들에게는 어렵게 느껴진다. 특히 중국의 동포들이나 북녘에서 온 사람들이 남녘의 말을 들으면서 제일 먼저 질겁하는 것이 외래어와 외국어이다. 처음 접하는 단어이니 '알아 못 듣는' 경우가 많다.

"저기 있는 하얀 가루와 갈색 가루는 어떤 양념이에요?"

"소금, 당춧가루, 사탕가루, 깨소금 머 이런 검다. 그 옆에 가루들은 살림하는 여자들의 비밀이란 말임다. 맛내기랑 고깃가루, 아니 다시다임다."

"다시다요? 여기서도 다시다라고 해요?"

양념을 둘러보던 아내가 의심의 눈초리를 담아 질문을 건넨다. '당추'는 고추일 테고, '사탕'은 설탕일 테니 대충 알아들을 수 있다. 요즘 우리는 '사탕'을 영어의 '캔디candy'와 같은 뜻으로 쓰지만 '사탕'은 '설탕'의 뜻으로 먼저 쓰이던 말이다. 살림을 하는 사람이라면 누구나 알 수 있는 양념일 테니 아내의 눈이 머문 곳은 나머지 두 양념이다. 아무리 봐도 '미원'과 '다시다'이니 말이다.

'맛내기'이든 '미원'이든 기원은 일본의 '아지노모토味の素'다. 1909년 일본에서 판매가 시작된 이래 일제강점기 동안 널리 사랑받던 '맛의 근원'이다. 한국전쟁 이후 한 기업가가 제조법을 배워 '미원'이란 이름을 붙여 판매한 이후 그 자체가 제품 이름이 되었다. 이것을 북녘에서는 '맛내기'라는 귀여운 이름으로 부른다. '미원味元'은 '미소味素'에서 글자 하나만 바꾼 것이고, '조미료調味料'는 한자어라 썩 맘에 들지 않는다. 그것을 '맛내기'라고 하니 그럴 듯하기도 하다.

더 흥미로운 것은 '다시다'이다. '미원'에 밀려 맥을 못 추던 경쟁 회사가 만든 것이 '다시다'인데 이 또한 상표 이름이 제품 이름이 되었다. 기본 성분은 같지만 외양과 포장을 달리해 큰 성공을 거두었다. 흰색 결정체인 미원이 화학 물질로 보이는 데 반해 갈색의 이 가루는 그리 보이지 않는다. 애초에 쇠고기 맛을 표방해 '쇠고기 다시다'란 이름으로 출시했다. 이것이 북녘에 처음 소개될 때는 '고깃가루'라고 불린 듯하다. 중국에서도 이 조미료를 쇠고기 가루를 뜻하는 '우육분牛肉粉'으로 쓰니 그럴 법도 하다. 그런데 어느새 이 북녘 땅에서도 '다시다'가 자리를 잡았다. 말보다 물건이 먼저고, 그 물건의 포장지에 쓰인 상표가 더 강하다. 아니, 물건의 흐름에 따라 말도 흐르고 그것이 시나브로 자리를 잡는다. 아무리 문을 닫아도 남녘의 조미료가 들어오고 그 이름도 따라 들어오는 것이다.

1990년대 장마당이 형성되면서 음식의 맛을 더해주는 맛내기가 대중 상품으로 인기를 끌기 시작했다. 2000년대 중반부터는 중국에서 다시다가 들어오기 시작했으며 이후 다시다는 고급 조미료로 인기를 끌었다. 낱개로 포장된 것이 아닌, 다시다 분말을 구매해 소비하던 주민들은 돼지고기처럼 색깔이 누렇고 맛있다고 하여 고깃가루로 불렀다. 그러다 포장된 다시다가 들어오면서 다시다로 부르기도 한다. 지금은 농촌에서도 다시다를 사용하는데 보통 '종합 조미료'로 부른다.

이밖에 대표적인 양념은 역시 고추와 마늘이다. 요리할 때는 옥파도 많이 쓰는데 남녘말로 하면 양파다. 양강도와 함경북도 등에서는 중국의 영향으로 음식에 고수를 넣기도 하지만 다른 지역에서는 먹지 않는다. 이밖에도 물고기 회, 냉면을 먹을 때 고추냉이를 찾기도 하지만 일반 주민들의 경우 고추냉이 맛에 거부감을 느낀다.

"예리 오마이, 날래 밥공기 까세라."

갑자기 리 교수의 성마른 목소리가 들려온다. 아마도 그릇들 가시라는, 남녘말로 설거지를 하라는 말인 듯하다. 부엌에서 너무 오래 시간을 지체한 것일까? 예리와 슬기는 또래의 아이들답게 그새

친해져서 자기들끼리 속닥거리고 있다. 방안에 덩그러니 혼자 남겨진 리 교수가 화가 날 만도 했다. 부엌에 들어오는 것은 죽어도 싫은지 부엌을 들여다보며 나에게까지 공격의 화살을 날린다.

"겸재 선생, 오늘이 삼팔절두 아닌데, 그거 무슨 남조선에 물건 떼 놓고 와시오? 남정네가 부엌에서 뭐 기케 할 말이 많습니까?"

"구월에 무슨 삼팔절, 여성의 날을 찾고 있습니까? 리 선생님은 부엌일은 절대 안 하시나봅니다."

"아니 남녀유별이란 말도 모른답니까? 그럼 못 씁니다. 예리야, 오봉 가져다 빈 그릇들 다 가싯대 소래에 갖다놓으라. 못 먹는 건 뽈래찐 빠께쯔에다 다 담구."

북녘 남자들이 훨씬 더 가부장적이라더니 들은 대로다. 세계 여성의 날인 3월 8일을 북녘에서는 '삼팔절'이라 부르며 기념한다. 이날만은 남자들이 집안일도 거들고 아내에게 선물도 준다. 평소에도 그러면 좋으련만 이날과 아내가 아파서 몸져누운 날에나 남자들이 부엌에 들어온다 하니 부엌에서 재잘대고 있는 내가 영 못마땅한 듯하다. 못마땅한 눈길을 보내는 건 예리 엄마도 마찬가지다. 손님들 앞에서 큰소리를 내는 나그네가 영 마음에 안 드는 듯하다. 공연히 예리만 부부 사이에서 바빠졌다.

그런데 아득한 기억 속에 있던 '오봉'과 '빠께쯔'가 다시 소환되니 재미있다. 어릴 적 '쟁반'과 '양동이' 대신 쓰던 일본말들이다. 일본말을 걸러내자는 순화운동이 그나마 성공을 거두어서 요즘 남녘에서는 쓰이지 않지만 그마저 성공인지는 잘 모르겠다. '오봉'을

밀어낸 자리에 '트레이tray'가 틈입하고 있고, '버킷 리스트bucket list'
가 유행하면서 '양동이'가 '버킷'에 조금씩 밀리고 있으니. 북녘도
마찬가지다. '소래'는 '대야'를 비롯한 커다란 통을 가리키는 고유
한 방언인데 합성수지인지 비닐인지를 뜻하는 러시아말 '뽈래찐'
이 앞에 붙는다. 세월의 흐름에 따라, 그리고 교류하는 상대에 따라
받아들이는 말의 뿌리만 다를 뿐 외래어와 외국어가 쏟아져 들어
오는 것은 막기 힘들어 보인다.

"리 교수님, 은퇴하시고 '삼식이 새끼'라고 구박받지 않으려면
지금부터 조금씩 동자질에 익숙해져야 하지 않겠습니까?

"삼식이 그게 뭔지 몰라도 대충 뜻은 알립니다. 겸재 선생은 내래
무슨 그림을 그리는지 알지 않습니까."

"리 교수님이야말로 수묵화의 대가인 거 제가 잘 압니다."

"수묵화 맞디요. 유화는 덧칠해서 고치디만 수묵화나 수채화는
그러면 망칩니다. 저는 그저 이리 살다 가가시오."

미안한 마음에 안방으로 돌아와 리 교수와 마주앉아 나누는 대
화다. 어느 분야든 대가는 그 속에서 깨달음을 얻는 모양이다. 그림
에 빗대 변명을 하고 있는 듯도 하지만 맞는 말이다. 우리의 부모
세대가 그랬듯이 하루아침에 사람이 바뀔 수는 없는 법이다. 리 교
수도 변화의 조짐을 느끼고 있기는 하지만 그렇다고 그 흐름을 온
전히 타기는 어려운 듯하다. 생각해보니 말도 그렇다. 하루아침에
무언가를 바꿀 수 있다고 믿는 것은 어리석은 생각이다. 시간의 흐
름에 따라 조금씩 바뀌어가는 것일 텐데 누군가 '언어 통일'을 목소

리 높여 외칠까 걱정이다. '통일'이 먼저가 아니라 '소통'이 먼저다.

"내 가두녀성은 아니지만 그래도 예리 아버지 그림은 아이 망치자 함다. 우리 세대야 동자질은 녀성의 일로 알고 있으니 그리 해야지 어쩌겠슴까? 예리 신랑재는 아이 그렇겠잼까?"

티격태격 해도 살을 맞대고 살아온 부부끼리는 통하는 모양이다. 그릇을 다 가셨는지 예리 엄마가 고뿌에 담은 랭천 사이다를 오봉에 내온다. 집안 살림만 하는 '가두녀성'이 아니니 힘이 들 법도 한데 체념이라기보다는 순응하는 듯이 보인다. 괄괄한 성격의 예리 어머니이지만 북녘의 남녀관계는 어쩔 수 없이 받아들이는 모양새다. 이 모습을 보면서 우리의 말에 대해서 생각하게 된다. 달라진 남북의 말이 마뜩찮은 사람도 많으리라. 당장 통일시켜야 한다고 목소리를 높이는 사람도 있다. 그러나 예리 어머니처럼 때를 기다려야 하는 문제이다. 남북이 나뉜 지 반백년이 훨씬 더 지난 시점에서 말이 하루아침에 통일될 리도 없고, 모두가 완벽하고도 자유롭게 소통하기를 기대할 수도 없다. 이들 부부처럼 서로가 노력하며 다음 세대를 기대하는 것이 방법이다.

누군가 '날래 까세라!'라고 말할까 걱정이다. 조금 달라진 남녘과 북녘의 말에 대해, 그것을 설거지 거리라 여기고 성급히 치워버리려 하는 이가 있을까 걱정이다. 가싯대 소래에 담긴 설거지 거리들이라 할지라도 조금 전 밥상 위에서는 맛있는 음식을 담고 있었다. 먹어야 하고 먹을 만한 음식이 밥상 위에 오르고, 써야 하고 쓸 만한 말이 사람들의 입에 오르내린다. 그런 것들을 일거에 쓸어버리려는 시도는 무모하다. '동자질'을 해본 이는 안다. 웬만한 설거지 거리는 충분히 물에 불리면 헹구기만 해도 된다는 것을. 그리 기다려보며 말의 주인들에게 맡기는 것도 방법이다.

교통수단

길을 따라 오르내리는 말들

"슬기 어머니, 준비 다 되셨슴까? 슬기야 어서 가자. 늦으면 차가 죽신히 막힌다야."

"예리 어머니, 언제 오셨어요? 뭐 타고 오셨어요?"

"11호차로 가지 왔슴다. 제가 공작하는 데가 여기서 가찹슴다. 제 다리가 길고 걸음이 재지 않쟴까?"

"11호차요? 걸어오셨다구요? 다 됐어요. 인차 갑니다."

"인차요? 그새 여기 말 배우셨나봄다."

거실이 소란스럽다. 오후에 아내와 슬기가 예리 어머니랑 시내 상점을 둘러보기로 했다는데 약속한 시간이 됐나보다. 그나저나 예리 어머니를 어떻게 불러야 할지 영 난감하다. 관광 안내 업무를 담당하는 조직의 조장이니 여기 식으로 하면 '조장 동무'라 해야겠지만 이 말이 입에 붙을 것 같지가 않다. '동무'가 남녘에서 쓰이지 못하게 된 이유도 여기에 있다. 본래 '친구'보다 더 정겨운 말이었던 '동무'가 북녘에서는 이념과 사상이 같은 사람을 뜻하며 널리 �

이다보니 남녘에서는 꺼리게 된 것이다. 사실 호칭 문제는 늘 어렵고 어색하다.

'11호차'는 언제 어디에서 생긴 말일까? 두 다리의 모양이 숫자 11과 같다고 해서 쓰는 말인가본데 표현이 재미있다. 남녘에서 1990년대 초반부터 '뚜벅이'가 쓰이기 시작했는데 같은 맥락이다. 11호차는 웃음으로 받아 넘길 수 있는데 '공작'은 귀에 턱턱 걸린다. 남녘말로 하면 '일'일 텐데 '공작'이라고 하니 자꾸 간첩이 떠오른다. 같은 대상을 두고 아예 다른 단어를 쓰는 것은 그 단어를 머릿속에 새롭게 저장하면 되니까 문제될 것이 없다. 그러나 같은 단어를 다른 뜻으로 쓰는 경우에는 혼란스럽기 마련이다. 기존의 뜻에 새로운 뜻을 더하여 그 용법과 함께 받아들이는 방법밖에 없다.

'죽신히' '가지' '인차'니 하는 것들은 맥락을 생각해보면 쉽게 그 뜻을 가늠해볼 수 있다. 평양에도 가끔씩 교통체증이 발생하는 모양이다. '죽신히'는 남녘에서는 쓰지 않는 말인데 '엄청' 정도의 뜻이다. '가지'는 '가주, 가즈' 등으로도 나타나는데 '갓'과 어원이 같은 말인 듯하다. '인차'와 마찬가지로 '가지'도 '곧' 또는 '금방'의 뜻으로 쓰인다. 남녘에서 많이 쓰는 '금방'도 사실 헷갈릴 때가 많다. 과거를 표현할 때 '금방 왔어'라고 쓰고, 미래를 표현할 때도 '금방 갈게'라고 쓰니 말이다. 부사는 뜻을 설명하기도 어렵고 사전을 봐도 마찬가지다. 문맥 속에서 하나하나 파악해나가는 것이 답이다.

"슬기 아빠도 같이 간답니다."

"저도 꼽사리 좀 낄랍니다. 그래도 일없겠죠?

▌ 평양 시내를 달리는 전차

"같이 갑소. 일없습다. 그런데 꼽사리가 뭘까? 남의 일에 삐친다
는 말입니까?"

"여하튼 저는 오늘 깍두기입니다. 우리도 11호차로 가나요?"

"전차 타고 가면 됩다. 가다가 지하철도 타보기쇼."

"전차라면 전깃줄에 연결돼서 가는 버스 말씀하시는 거죠? 아니
면 궤도 전차도 있나요?"

"여기 전차는 보통 무궤도 전차입니다. 버스는 시외로 갈 때 주로
탑니다."

평양시의 대중교통 수단으로는 지하철을 비롯해 궤도전차, 무궤도전차, 버스, 택시, 여객선 등이 있다. 1970년대에 완공된 지하철은 남북으로 뻗은 '천리마선'과, 동서를 횡단하는 '혁신선'이 있다. 과거에는 동전이나 지하철 표를 썼으나 최근에는 교통카드도 사용된다. 운행시간은 오전 5시 30분부터 오후 11시 30분까지이며, 하루 이용객 수는 30~40만 명 정도이다. 지하철은 준 전시에 평양 시민 대피소로 활용하기 위해 지하 100~150미터 깊이로 건설되었다.

궤도전차는 1990년대에 등장하였다. 20킬로미터 구간의 제1노선과 12킬로미터의 제2노선 1구간을 시작으로 1998년부터 제3노선 등이 운행되고 있다. 무궤도전차는 1960년대 개통된 이후 꾸준히 늘어 현재는 10여 개 노선이 운행 중이다. 버스는 무궤도전차와 병행하되, 무궤도전차 노선이 없는 외곽지역으로 운행되고 있다. 최근 중국에서 수입된 2층 버스가 평양 시내에서 운행된다.

택시는 1980년대부터 운행되기 시작했지만 대부분 외국인용이었으나 1990년대 말부터 대중교통 수단으로 등장하였다. 시민들은 택시보다 가격이 싼 지하철이나 궤도전차로 출퇴근을 하지만 시간이 급박할 때는 택시를 이용한다. 중산층 시민들은 택시를 자주 이용한다. 기본요금은 2달러이다. 택시가 급증하자 북녘 당국은 교통체증을 통제하기 위해 2016년부터 홀짝제를 시행하였다. 지방도시의 경우 도 소재지마다 시내버스가 운행되고 있다.

처음 나서는 거리 구경이라 설렘 반 두려움 반이다. 아내와 딸 아이의 외출에 쫄래쫄래 따라나서는 게 어색하기는 하다. '꼽사리를 낀 깍두기'의 뜻을 예리 어머니는 그저 대충 짐작으로만 파악하는 듯하다. 어차피 대화를 하면서 모든 말을 다 알아듣는 것은 아니다. 귀를 쫑긋 세우고 들으려고 하고, 이해하려고 하면 안 될 것도 없긴 하다. 특히 말이 다른 사회에 깍두기로 있을 땐 그렇다. 대화에 끼어들고 남의 일에 끼어들기까지, 아니 삐치기까지 하려면 그 말부터 익히는 것이 순서다. 적어도 이 순간의 나와 내 가족의 말은 평양 한복판에 있는 섬이나 다름없다.

전차는 운전과 안내 모두 '동무'가 맡아서 해준다. 예리 어머니는 자연스럽게 '운전원 동무' '안내원 동무'를 부르면서 이야기를 나눈다. 지금의 남녘 버스에서는 거의 사라졌지만 북녘의 전차에는 아직도 남녘에서 '운전수'와 '안내양'으로 부른 이들이 필수다. 이들을 어떻게 부르느냐의 문제는 이들에 대한 대접의 척도이기도 하다. '운전사運轉士'는 '사士'자가 들어가는 꽤나 높이는 말인데 슬쩍 '수手'자로 바꾸면 조금 낮추는 말이 된다. 운전사나 운전수 모두 직업을 뜻하는 말이니, 남녘에서는 그 당사자를 '기사님'이라 높여 부른다. 그런데 '안내양案內孃'은 애초부터 낮추는 말이다. 본래 '차장車掌'이란 번듯한 말이 있는데 여자 차장만 굳이 '안내양'이라 구별해서 불렀다. 지금은 안내양도 사라지고 말도 사라졌으므로 '승무원'이라고 높여 부르라는 권유도 의미가 없어졌다.

명의상으로 국영이지만 개인이 운영하는 버스와 택시에는 차장이 있다. 차장은 승객들로부터 현금을 받고 거스름돈을 준다. 하루 운행이 끝나면 버스요금을 정산해 사업주에게 '바치는' 회계사 역할을 수행한다. 승합택시 차장을 사업주가 하는 경우도 많다. 택시 수익을 직접 관리하려는 전략이다.

국가 철도성이 운영하는 열차에는 손님들의 열차표를 검사하는 열차 안내원이 있다. 이들은 안내원 완장을 왼팔에 끼고 여행 손님들의 차표를 검사한다. 장마당이 활성화되면서 열차원들은 열차를 이용해 '짐쏘기' 장사를 대행하며 돈을 벌고 있다. 혜산에서 평양으로 식품을 보내야 할 경우 평양-혜산행 열차 안내원은 양쪽 상인을 대신해 짐을 운반해주면서 '짐쏘기 비용'을 받는다.

운전원과 안내원 뒤에 '동무'를 붙이니 정답게 들리기도 한다. 북녘에서 '동무'란 말을 쓰기 시작했을 당시에는 이념과 사상을 내세웠으나 오늘날에는 그런 느낌이 거의 없이 그저 호칭의 일부가 되어버렸다. 남녘에서 자주 쓰이는 '님'과 '동무'를 비교해본다. 본래 '님'은 상대방을 높이는 말이고 '동무'는 상대방과 나를 동등하게 만드는 말이다. '동무'란 말은 앞으로 어떻게 될까? 남녘에서 '동무'란 말은 사라졌어도 '어깨동무'란 말은 그래도 남아 있다. 모든 사람들이 동등한 자격으로 어깨동무를 하고, 남녘과 북녘의 말이 어깨동무를 하게 되면 '동무'란 말은 다시 살아날 가능성도 있다.

"평양에도 이제 차 많지요?"

▎ 평양의 택시　　　　　　　　　　　　　　　　　　　　© Shafquat Towheed

"그러게요. 차 종류도 여러 가지네요. 저런 차들은 여기서는 뭐라고 부르나요?"

"저기 야듧 사람 좌우로 타는 차 말임까? 그건 롱구방이라고 함다."

그저 넓고도 한적한 길에 드문드문 차가 지나다닐 거라고 생각했는데 현실은 그렇지 않다. 말 그대로 출퇴근 시간에는 '죽신히' 막히는 게 다반사다. 그런데 '롱구방?' 남녘에서 흔히 쓰는 말로 하자면 '봉고차', 사전대로 하자면 '승합차'인 차량을 가리키는 말이다. 한참을 고민한 뒤에야 그 이름의 정체가 파악된다. 영어의 '롱밴Long Van'이 일본을 거쳐 들어오면서 일본식 발음을 그대로 받아들여 '롱구방'으로 자리를 잡은 것이다. 지금은 북녘에서도 이런 차를 만들지만 초기에는 일본에서 들여왔으니 일본식 이름을 그대로 유지한 것이다.

　분단 이전에는 이런 차가 없었으니 이에 해당되는 말도 없었다. 분단 후 남녘에서 이런 차가 만들어지기 시작할 때는 대표적인 상표가 '봉고Bongo'여서 그것이 그대로 자리 잡아 '승합차'를 대신하고 있다. 중국에서는 이러한 종류의 차를 흔히 '멘바오처[mianbaoche]'라고 부른다. 우리말로 하면 '빵차'인데 차의 모양이 식빵을 닮았다고 해서 붙은 이름이다. 각각의 말들이 나름대로의 이유를 가지고 있으니 그 말들이 부딪치면 서로 세력싸움을 할 수밖에 없다. 지금도 물밑에서 말들의 전쟁이 일어나고 있지만 통일이 되면 전쟁의 양상이 더욱 격화될 가능성이 있다. 남녘에서는 '봉고차'와 '승합차'가 여전히 물밑 싸움을 하고 있다. 여기에 '롱구방'까지 더해지면? 늘 순화의 대상으로 언급되는 일본어의 잔재이니 '롱구방'은 살아남기 힘들 것이다.

　이 문제를 두고 성급한 국어학자나 남북의 언어가 같아야 한다고 믿는 통일론자들은 성급하게 하나로 통일하자고 나설 수도 있다. 그러나 말의 운명은 그 말을 사용하는 사람들의 손에 맡겨두는 것이 좋다. 세월이 흘러 '봉고차'의 유래를 모르는 사람들이 많아졌다. 북녘에서도 '롱구방'의 어원을 모르는 사람이 대부분이다. 이럴 경우에는 새로운 물밑 싸움이 벌어질 텐데, 그때 사전의 지시대로 '승합차'가 자리를 잡을 수도 있고 영어를 따라 '롱밴'이 될 수도 있다. 혹은 누군가 '빵차'와 같은 귀여운 이름을 새로 지어 퍼트릴 수도 있다. 그 물밑 싸움은 언어 자체가 가진 논리에 의해 이루어지는 것이니, 지켜보는 것만으로도 충분하다.

"버스는 그저 버스라고 하나요? 트럭은요?"

"쓰기는 '버스'라고 써도 말할 때는 '뻐쓰'라 한단 말임다. 맞잼까? 트럭은 짐차 말하는 검까? 아주 큰 거는 대빡차라 함다."

'버스'는 분단 이전에도 있으니 남녘이나 북녘이나 다르지 않다. 발음을 '뻐쓰'라고 하지만 표기는 '버스'라고 하는 것도 같다. '트럭'을 혹시 '도라꾸'라고 하는 것은 아닐까 염려 아닌 염려를 했으나 그것은 아니다. 과거에는 '트럭truck'의 일본식 발음인 '도라꾸'를 심심찮게 들을 수 있었는데 어느 샌가 들어본 기억이 아득하다. 일본말의 잔재를 걸러내고 순화하려는 노력의 결과일 수도 있지만 일제강점기를 거치면서 일본말에 익숙해져 있던 세대가 퇴장하면서 나타난 현상일 가능성이 크다. 이렇듯 언어의 변화는 시간을 두고 서서히 일어난다.

"그럼 에스유비는요?"

"에쑤유비 그게 뭘까?"

궁금한 마음에 불쑥 질문을 던진 슬기도 아차 싶었나보다. 'SUV'라고 말을 해놓고 바로 바꾸려고 했는데 바꿀 말이 생각나지 않아 머뭇거리는 새에 바로 예리 어머니가 전진속공을 펼친다. 'SUV'는 남녘에서 아주 흔하게 쓰이지만 사실 문제가 있는 말이다. 'Sports Utility Vehicle'의 줄임말이 'SUV'인데 이것을 '수브'나 '서브'라고 발음해야 할지 '에스유브이'라고 발음해야 할지도 난감하다. 원어대로 '스포츠 유틸리티 비이클'이라 해도 뜻이 머릿속으로 안 들어오고, '에스유브이'라고 하면 더더욱 그렇다. 그저 습관적으로 쓰는 데는 이유가 있다. 이 말을 대체할 적당한 말을 만들어내지 못한 것이다.

"거 있지 않습니까. 승용차보다 크고 높은 차요. 뒤에 짐도 많이 실을 수 있는 차를 여기서는 뭐라고 부르는가 해서요."

"아, 반짐자동차 말씀하시는 검까? 그리 말하면 되지 왜서 에쑤유비라 함까? 남조선 사람들은 영어를 너무 많이 섞어 쓴단 말임다. 나 어린 슬기야 그렇다 쳐도 한 선생님은 우리말을 연구하는 사람이니 그럼 안 되잼까?"

'반짐자동차'란 말이 퍽이나 귀엽다. 온전한 승용차도 아니고, 화물차도 아닌 그 중간쯤의 차로 보는 것이다. '짐자동차'는 화물만을 싣는 것이니 '반짐자동차'는 사람도 많이 탈 수 있다는 뜻을 담은 것이다. 이런 종류의 차량이 본래 짐을 많이 싣기 위한 용도인지 험한 길을 달리는 용도인지는 중요하지 않다. 실제 쓰임새를 보면 사람도 많이 타고, 짐도 많이 실을 수 있는 차이니 말이다. 그렇다면 '반짐자동차'가 'SUV'를 대체할 수 있을까? 그럴 가능성은 커 보이지 않는다. 영어에 익숙해진 이들, 가능하면 원어에 가깝게 써야 한다고 믿는 이들이 많으니 쉽지 않은 일이다. 그렇다고 '스포츠용 자동차' 혹은 '운동용 차'라고 바꾸는 것도 마땅찮다.

그나저나 핀잔 섞인 말을 들으니 조금 머쓱해진다. 말은 슬기가 했는데 야단은 내가 맞고 있다. 사실 중국에 가서 조사할 때도, 남녘에 정착한 북녘 사람들을 만날 때도 늘 들어왔던 말이다. 중국의 동포들이 남녘말에 대해 불만을 표할 때마다 빼놓지 않는 것이 바로 영어 표현들이다. 남녘에 정착한 이들이 말을 배울 때 가장 큰 어려움을 느끼는 요소 가운데 하나가 일상에 널리 퍼져 있는 외래어들이라고 한다. 그러한 불만을 표하는 이들에게 중국 동포들이 중국어 단어나 표현을 가져다 쓰는 것, 북녘에서 러시아어에서 기원한 외래어를 종종 쓰는 것을 예로 들어 반박을 해보려 해도 요지부동이다. 중국 동포들이 냉장고를 '삥샹'이라고 해도 결국은 한자로 쓰면 '빙상氷箱'이니 크게 다르지 않다고 생각하는 듯하다. 북녘 사람들이 '트랙터'를 '뜨락또르'라고 하는 걸 예로 들려 해도 결국 남녘에서도 영어계 외래어를 쓰고 있으니 할 말이 없다.

이 불만은 남북의 언어가 만나게 됐을 때 더욱 가시화될 것이다. 대화를 하면서 '반짐자동차'란 말을 쓰면 이 말은 모두 한국어로 이루어져 있으니 뜻을 대충 짐작할 수 있다. 그러나 'SUV'는 영어에 대한 지식이 없으면 아예 알아들을 수 없는 말이다. 북녘 사람들이 이런 상황에 대한 불만을 제기할 가능성이 높다. 그렇다고 남녘 사람들이 마음을 바꿔 가능하면 외래어를 쓰지 않으려고 노력할 것을 기대하기는 어렵다. 개방된 사회에서 여러 문물을 자유롭게 받아들이며 살아온 사람들과 그렇지 못한 사람들의 차이일 것이다. 오늘날의 추세를 보면 남녘 사람들이 맞고, 우리말의 자부심을 지켜야 한다는 면에서 보면 북녘 사람들이 맞다. 양보하고 타협하지 않으면 불통이 오래 지속될 수도 있다.

문득 2016년 여름, 중국의 동쪽 끝 훈춘에서 만난 렴영필 아바이가 떠오른다. 60대의 렴영필 씨는 중국어도 잘 못하고 오로지 연변 말만 쓰는 골수 조선족이다.

"한국에서는 에쎈에쓰 주로 뭐 씀까? 한 선생님은 웨이신 씀까?"

"에쎈에쓰요? 아바이는 그 말을 어디서 배웠습니까?"

"한국 땐스가 배워주잼까? 그저 보고만 있으면 뜻이 알림다."

몇 년 전에 만났을 때 한국 사람들이 영어 많이 섞어 쓴다고 볼멘소리를 하던 분이다. 그러던 그가 '서쟈왕社交网, shejiaowang'이라는 중국어가 입에 잘 안 붙어서 그런지 SNS란 말을 쓴다. 더욱이 이 말을 한국 텔레비전에서 보고 배웠다는 것이 흥미롭다. 그렇다. 과거에 한국 사람들이 영어를 섞어 쓴다고 불만을 표하던 이들도 한국 텔레비전을 보다보면 자연스럽게 그 말에 익숙해진다. 남녘에 정착한 이들도 처음에는 힘들어하다가 어느 순간 그 말들을 배워서 쓰게 된다.

전차는 전깃줄에 매달려 있어야만 다닐 수 있다. 사람들은 국경이 열려 있어야만 오갈 수 있다. 그러나 전파는 선도 필요 없고 국경도 의미가 없다. 한쪽에서 쏘고, 한쪽에서 받으면 된다. 방송도 그렇다. 누군가는 만들고, 누군가는 그것을 재미있게 본다. 그것이 오히려 효과가 크다. 정치적인 통일보다 방송 교류가 앞서야 하는 이유가 여기에 있다. 사람이 만나고 사람들의 말이 충돌하며 말의 전쟁이 이루어지기 전에 전파를 통해 서로의 말을 듣게 된다면 많은 것들이 자연스럽게 해결될 수 있다. '봉고차'와 '롱구방'의 싸움, 'SUV'와 '반짐자동차'의 싸움도 경기 시작 전에 승패가 결정될 수 있다. 이 싸움은 누군가에게 상처를 주는 싸움도 아니다. 외적인 힘에 의해 좌우되는 싸움도 아니다. 그저 말의 주인들이 스스로 말을 결정해나가는 과정이다.

전차의 운전수 동무와 안내원 동무는 변함없이 정해진 길을 달리고, 정해진 정거장에 서며 끊임없이 사람들을 태우고 또 내려준다. 때가 되면 타고, 때가 되면 내리는 사람처럼 말도 그렇다. 동무들이 난폭하게 차를 몰거나 궤도를 이탈하지만 않으면 아무 문제도 없다. 말도 그렇게 천천히 길을 따라 오르고 내리기를 기대해본다.

입을 것

흰옷에 청바지 물이 들 듯, 말이 스며들면

"내립소. 우티 사신다고 했슴까? 우티보다 한 선생님 바지부터 혁명해야겠슴다. 어째 늘상 청바지만 입슴까?"

"겉옷은 짐이 돼서 많이 못 가져왔으니 겨울이 오기 전에 사야지요. 그런데 혁명은 무슨 뜻인가요? 슬기 아빠는 원래 청바지밖에 안 입어요. 그게 문제가 되나요?"

"거리 사람들 입성 좀 봅소. 저 나이에 청바지 그 따우 꺼 입은 사람 있슴까? 저리 입구 다니무 나 평양 사람 아니다 하구 대놓구 다니는 검다."

'입성'은 익숙한데 '우티'는 낯설다. '입성'은 '옷'을 낮추어 부를 때 쓰는 말이다. 어릴 때 들었던 말을 되살려보면 '입성이 그게 뭐니?'나 '입성이 변변치 않다' 등 부정적인 맥락에서 썼던 말이다. 북녘에서는 '입성'이나 '우티'를 그저 '옷'이라는 뜻으로 쓰고, 특별히 비하하거나 책망하는 뜻은 없다. '그 따우 것'도 마찬가지다. 남녘에서는 '그 따위 것'은 멸시나 비하를 하는 맥락에서 쓰이지만 이곳에서는 그저 나열하는 의미밖에 없다. 남녘 사람들이 모르고 들으면 '일 없다'만큼 상처를 받을 만한 말이 '그 따우 것'이다. 아니, 국어사전을 열심히 찾아본 사람들은 적응이 될 법도 하다. 사전에서 '옷'의 뜻풀이를 보면 "몸을 싸서 가리거나 보호하기 위하여 피륙 따위로 만들어 입는 물건"으로 되어 있는데, 이처럼 국어사전에는 수없이 많은 '따위'가 등장한다.

그나저나 생각지도 못했는데 내 청바지가 '혁명'의 대상이 되었다. '혁명'은 근본적으로 뜯어고치거나 새로운 질서를 급격하게 세우는 것이니 입고 있는 청바지를 당장에라도 벗어야 할 판이다. 늘 입던 것이라 아무 생각이 없었는데 사람들의 입성을 보니 정말 청바지를 입은 사람들은 눈을 씻고 보아도 찾기 어렵다.

"질기고 튼튼하고 값싸고 편한 청바지를 왜 안 입을까요? 무슨 이유라도 있나요?"

"여기서는 청바지를 자본주의의 상징으로 봐서 금지했었슴다. 요즘에야 애들이 드문드문 입슴다."

"그럼 뭘로 혁명할까요? 권해주세요. 슬기 청바지는 괜찮을까요?"

"슬기는 어려서 일없는데 저런 빽때 바지는 여기 사람들이 입으면 통제 대상임다."

"빽때요? 쫄쫄이나 스키니를 말하는 건가요?"

"쫄쫄인지 스키닌지 뭐 맞을 겜다. 저기 기성 매대 가봅소. 본산제, 아랫동네 거 뭐 다 있슴다."

거리에 나오니 내가 지금 어디에 있는지 실감이 되기 시작한다.

혁명이 급한 것은 나뿐만 아니라 슬기도 마찬가지다. 청바지와 마찬가지로 '스키니skinny' 패션도 자본주의의 상징이라 하여 단속의 대상이란다. 옷의 모양새나 그 이름 모두를 마뜩해하지 않던 나로서는 오히려 마음에 든다. 몸에 딱 달라붙는 옷이 건강에 좋을 리가 없다. 그런데 '뺑때'라는 말의 어원이 궁금하다. 타이트한 치마도 '뺑때 치마'라고 한다 하니 '뺑뺑하다'와 관련이 있는 듯하기는 하다.

남녘의 '시장'이 북녘에서는 '장마당'이다. 장마당은 물건을 진열하고 파는 매대와 이를 관리하는 관리소, 그리고 자전거 보관소, 물품 보관소 등으로 구성된다. 정부에서 인정한 장마당은 개장 시간이 정해져 있어, 시장 철문이 열린 뒤 상인들은 각자 자기 매대로 들어가 장사를 시작한다. 시장 안에는 공산품·식품·의류·잡화 등을 취급하는 매대가 정해져 있으며, 누구나 쉽게 찾을 수 있도록 간판이 있다. 매대는 상인이 시장 관리소에 돈을 주고 구매한 것으로, 개인 자산에 속한다. 매대를 타인에게 임대할 경우 임대료를 받는다. 오후 3시경부터 시장 관리원들은 각 매대를 돌면서 장세를 받고 쪽지를 준다. 장세는 장사 규모의 10퍼센트 정도다. 매대가 없는 상인들은 시장 주변이나 시장으로 들어오는 길목 등에 앉아 장사를 한다. 이들에게도 장세는 똑같이 적용된다.

▌ 평양의 거리 매대　　　　　　　　　　　　　　　　　　©Roamme

　백화점도 있고 번듯한 상점도 있지만 장마당으로 오길 잘했다. 물건 값도 저렴하지만 품목도 다양하다. 무엇보다 사람 냄새가 물씬 난다. 안타깝게도 청바지 차림의 부녀가 이방인 냄새를 물씬 풍기며 끼어 있기는 하지만. '기성 매대'라 하면 기성품을 파는 곳이라는 뜻일 텐데 '기성'의 의미가 이곳에서는 조금 다르다. 남녘에서 '기성복'이라 하면 공장에서 규격에 맞추어 대량으로 만들어낸 옷으로 '맞춤옷'과 대비되어 쓰인다. 주문자의 몸에 딱 맞게 한 벌만 지어낸 옷보다 공장에서 대량으로 만드는 옷이 쌀 터이니 남녘에서의 기성복은 상대적으로 가격이 저렴한 옷을 가리킨다. 그런데 이곳에서는 외국 공장에서 외국 원단과 현지의 기술로 생산되어 완제품 형태로 수입된 옷을 가리킨다. 품질도 높고 가격도 비싸다.

이곳에서는 '기성'이 '맞춤'의 반대말이 아니다.

'본산'이나 '아랫동네'란 말도 재미있다. '본산'은 '일본산日本産'의 준말이니 남녘의 말로 하자면 '일제'다. '아랫동네'는 당연히 한반도의 남녘을 뜻한다. 남녘에서는 북녘에서 온 물건들을 '북한산'이라 표기하는데 이와 짝이 맞게 하려면 '남조선산'이 되어야 한다. 그러나 정식으로 수입한 물건이 아니고 중국을 통해 비밀리에 들어온 것이니 그리 부를 수는 없다. 남녘에서도 가끔씩 돌려서 말할 때는 '윗동네'라고 언급하기도 하니 결국 같은 표현이다.

  북녘에서 생산된 옷은 '가공옷'이라 불린다. 북녘의 신흥 자본가인 돈주가 원단을 수입해 제조한 것인데 디자인이나 제조 기술이 떨어져 인기가 별로 없다. 가공옷과 반대되는 옷이 기성복이다. 북녘의 국영피복공장에서 생산된 의류는 기성복이라 하지 않는다. 남한산과 일본산만 기성복이라 하는데 중고도 기성복으로 인식된다. 기성복은 색상이 은은하고 디자인이 세련되며 품질이 좋다는 평가를 받는다. 중국산 의류는 원색이 많고 품질이 좋지 않아 기성복이라고 하지 않고 '중국제'라고 표현한다. 중국 의류 상품은 구매해 한 번 세탁하면 '찔찔 늘어난다'고 불평하기도 한다.

'아랫동네'와 '윗동네'라는 말을 들으니 자연스레 초등학교 교과서에 실린 동요 한 편이 생각난다.

아랫집 윗집 사이에 울타리는 있지만

기쁜 일 슬픈 일 모두 내 일처럼 여기고

서로 서로 도와가며 한 집처럼 지내자

우리는 한겨레다 단군의 자손이다

　　── 어효선 작사, 정세문 작곡 〈서로서로 도와가며〉

　동요가 늘 그렇듯이 참으로 직설적이고도 교훈적이다. 지금의
아랫동네와 윗동네 사이의 울타리는 꽤나 높고 험악하다. 기쁜 일
과 슬픈 일을 모두 내 일처럼 여기는지도 잘 모르겠다.

　"한 선생님 꺼부터 사깁소. 청바지 말고 저 검정 물들인 바지 어
떰까? 중짜면 되잼까?"

　"윗옷은 뭐가 좋을까요? 추울 때 입게요."

　"잠바 하나 삽소? 군인도 아닌데 개털 외투를 입을 순 없잼까? 갓
구 오신 옷이 빤짝지 양복은 아니잼까?"

　"저도 깃이 목까지 올라오는 옷 한 번 입어볼까요?"

　"쯔메리 말임까? 어울리기는 하겠지만 거 입구 사진 찍은 거이
남조선에 돌아다니면 아이 좋잼까?"

　한겨레 단군의 자손의 말이라 그런지 다행히도 나머지 말들은
잘 통한다. '중짜'라 하면 남녘말로 '미디엄'일 것이다. 과거에는 꽤
나 쓰이던 말이었는데 '대짜, 중짜, 소짜'는 어느 순간부터는 식당
에서 음식의 양을 가늠하는 데만 쓰이기 시작했다. '잠바'나 '외투'
는 익숙하다. '잠바'는 '점퍼jumper'가 일본을 거쳐 들어온 말인데

1930년대 이전부터 쓰였다. '빤짝지 양복'은 햇빛을 받으면 옷감이 반짝거린다고 해서 붙여진 말인 듯한데 그런 고급 양복은 아예 없으니 역시 일없다.

그런데 여기서도 일상의 언어에는 일본말이 꽤나 깊숙이 들어와 있음을 새삼 느끼게 된다. '쯔메리つめえり'는 목까지 깃이 올라오는 양복으로, 과거의 교복을 생각하면 된다. 남녘에서는 '인민복'이라 부르고, 중국에서는 쑨원孫文이 개발했다고 해서 그의 호를 따 '중산장中山裝'이라고 부르고, 서양에서는 마오쩌둥毛澤東이 즐겨 입었다고 해서 '마오 슈트Mao Suit'라 부르는 그 옷이다. 북녘에서는 '닫긴 양복'이라고 부르길 권하는데 일상에서는 '쯔메리'라는 말이 더 많이 쓰인다. 비슷하게 생겼지만 목까지 깃이 올라가는 대신 젖혀진 것을 '제낀 양복'이라 하니 짝도 잘 맞는데 일본말 쯔메리가 그 자리를 차지하고 있다. '본산 물건'과 마찬가지로 '본산 말'도 더 격이 높게 느껴지는 것일까?

결국 검은색 바지 하나만 사니 매대의 상인이 '알락이 봉지'에 담아준다. 남녘에서 비닐봉지라고 부르는 것을 여기서는 이리 부른다. 중국에서 만든 비닐봉지가 처음 들어왔을 때 알록달록한 색을 띠고 있어서 그리 이름이 붙었단다. 사실 '비닐봉지'란 말은 '아랫동네'에서 만든 콩글리시다. 미국이나 영국에서 비닐봉지를 얻으려면 '플라스틱 백plastic bag'이라고 해야 한다.

여자들의 나들이에 삐쳐서 바지 하나를 언어 입긴 했지만 이제부터는 고난의 행군이다. 급하게 오느라, 그리고 가방이 무거워 옷을 챙기지 못한 아내와 딸이 이것저것 필요한 것이 많은 모양이다.

"슬기야, 원피스 입고 싶댔지? 그래도 추워지면 투피스가 낫지 않을까?"

"뭐든 괜찮아. 다니다 마음에 드는 거 있음 살게."

"예리 어머니, 원피스나 투피스 사려면 어디로 가면 돼요? 저도 코트가 하나 필요해요."

"그게 뭔지 몰라도 일단 봅소. 매대나 옷이 그리 많지도 않은데 뭐 일일이 따질 거 없잼까? 평양에 얼마 안 있을 건데 그냥 도꾸리 나 안따 삽소."

"여기서도 도꾸리라 해요? 슬기는 터틀넥이라 해야 알 겁니다. 안따는 저도 모르겠네요."

남북의 언어를 비교한 자료를 보면 '원피스'를 '외동옷'이라 하고 '투피스'를 '나뉜옷'이라 한다고 되어 있다. 그리고 꽤나 오랜만에 들어보는 '도꾸리'는, 역시 일본말 '도꾸리 세타とっくりセ一タ一'에서 온 말이다. 요즘 젊은 친구들은 일본 술을 담는 조그만 도자기 술병 으로 더 많이 알고 있다. 꽤나 오랫동안 쓰인 말이었는데 어느새 자 취를 감추고 그 자리를 슬그머니 '터틀넥turtle neck'이 차지하고 있다. '도꾸리'가 자라의 목을 뜻하니 결국 비슷하다. 이에 해당되는 우리 의 고유한 말 '거북목'은 질병 이름에 쓰이고 있으니 방법이 없다.

'안따'의 뜻을 물어보니 털실로 짜되 목이 V자 모양으로 파인 스 웨터란다. 남녘에서라면 '브이넥'이다. 생각해보니 이 옷에 대한 이 름도 따로 만들지 못했다. 옷 이름의 대부분이 그렇다. '양복洋服'이

이 땅에 들어온 순간부터 '한복韓服'이란 말이 생겨나기 시작했다. 저고리·치마·바지 등으로 이루어진 입성에서 서양식 입성으로 자연스레 변화를 겪으며 일일이 이름을 따로 짓지 못하고, 과거에는 일본을 통해서 그리고 해방 이후에는 서양으로부터 직접 그 이름을 받아들여 그대로 쓰고 있는 것이다. 문물과 말은 늘 함께 들어온다. 그것을 막을 수도 없고, 그때마다 우리말로 바꿀 수도 없는 노릇이기는 하다. 정도의 차이는 있지만 남녘이나 북녘 모두 일상의 말에 외래어가 틈입해 있는 것을 받아들여야 하는 현실이다.

　　1990년대 이후 가장 많은 인기를 끌었던 남성복은 일명 '싸지 잠바'이다. 김정일 위원장이 입은 잠바가 중앙당 간부들에게 공급되면서 잠바 패션이 권력의 상징으로 유행했다. '싸지'는 중국에서 수입된 원단 이름이다. 또 선군시대를 상징하는 군복 패션도 단체복으로 유행하고 있다. 1990년대 이후 가죽잠바도 카리스마를 뽐내고 싶은 남성들 사이에서 유행했다. 밀수를 통해 들어온 가죽잠바는 가격이 비쌌고 상품이 제한되어 수요를 충족시키지 못했으므로, 개인 돈주들이 중국에서 인조가죽을 들여와 만든 인조가죽잠바가 등장했다.

　　여성들의 패션은 훨씬 다채롭다. 일자 바지, 몸매 동복, 털쎄타(털 스웨터) 등이 인기를 끌었다. 특히 롱패딩이 가장 인기를 끌었는데 여성 롱패딩 가격이 쌀 100키로 가격과 맞먹기도 했다. 유행하는 남성복은 권력의 상징으로 북녘에서 직접 제조한 것인 데 반해, 여성복의 경우는 남한산이나 일본산이다.

"저기 옷 입혀놓은 마네킹을 여기선 뭐라고 하나요?"

"모형이라 함다."

"여기에도 모델이 있나요? 옷 미리 입어서 보여주고 사진도 찍는 사람⋯⋯."

"장마당에서는 맵시 좋은 사람이 모델 노릇 함다. 저렇게 대신 입어봐주구 돈도 받군 함다."

남녘에서는 '마네킹mannequin'을 '광고 인형'이나 '매무새 인형'으로 바꾸어 쓰도록 하고는 있으나 들어본 기억이 없다. 북녘에서는 사람을 본뜬 '모형'으로 쓰는 일이 더 흔하다. 슬기가 궁금증이 도졌는지 패션모델이 있는지, 있다면 뭐라 부르는지 물어본다. '외동옷'이나 '나쁜옷' 같은 고유한 표현을 기대했나보다. 그런데 여기서도 모델은 그냥 모델이다. 예리 어머니의 권유대로 장마당 모델이 입고 있는 '털 안따'를 하나 샀다. 색깔이나 디자인도 그리 어색하지 않다. 옷의 바코드를 보니 '아랫동네' 물건이다. 왠지 익숙하더라니⋯⋯.

"한 선생님, 저기 전자제품 매대 좀 혼자 구경합소. 우리끼리 좀 갈 데가 있슴다."

눈치를 보니 속옷 매대에 가려는 듯하다. 잘됐다. 여자들을 졸졸 따라다니는 것보다 여기저기 자유롭게 둘러보는 편이 훨씬 낫다. 생각 같아서는 사람들과 말도 자유롭게 주고받고 싶지만 아무래도 이방인 티가 너무 많이 난다. 혼자 다니기도 불안해서 슬그머니 다시 여자들 무리에 합류한다. 살 것을 다 산 듯하다.

"뭐 사셨어요?"

"뭐 그리 궁금한 게 많슴까? 내 얘기해줄 테니 자기절로 알아보고 더 물어보지는 맙소. 설명해주기 곤란함다."

"네네, 전 그냥 말이 궁금한 거니 스스로 알아보겠습니다."

"빤쯔, 배띠, 살양말, 가슴띠…… 이래 샀슴다. 한 선생님도 배띠 한번 해 보실랍니까? 동삼엔 따뜻하니 좋슴다."

'빤쯔'는 '팬티'일 테고 '배띠'는 '복대腹帶'일 텐데 여기서는 추위를 이기기 위해 많이 두르나보다. '살양말'은 '유리양말'이라고도 하는 '스타킹stocking'이다. '살양말'은 좀 원색적인데 '유리양말'은 이름이 참 귀엽다. '가슴띠'는 말만 들어도 짐작이 되는데 '젖싸개'라 한다고 들은 듯해서 물어보고 싶지만 차마 물어볼 수가 없다. 외국어를 그대로 쓰지 않고 어떻게든 바꾸어서 표현하려고 한 것들은 뜻을 파악할 수 있다. 그런데 이런 말들에 대해 남녘 사람들은 가끔씩 호기심과 흥미를 넘어 조롱을 하기도 한다. 가능하면 알기 쉬운 말로 바꾸려고 한 결과를 두고 그저 다르다는 이유로 놀리는 것은 바람직한 태도가 아니다. '다른 것'은 그저 다른 것이지 결코 '틀린 것'이 아니다.

장마당을 빠져나오면서도 옷 매대에 적당히 숨겨둔 청바지에 자꾸 눈이 간다. 아무리 단속을 해도 찾는 사람이 있고, 파는 사람도 있고, 입는 사람도 있다. 옷도 무작정 막을 수 없고, 말도 무작정 막을 수 없다. 다소 엉뚱하지만 과학시간에 배웠던 삼투압이 생각난다. 농도가 다른 액체 사이에 얇은 막을 두면 농도 차이 때문에 용매가 자연스럽게 이동하는 현상이다. 개념도 어렵지만 '삼투압渗透壓'이라는 단어 자체도 너무 어렵다. 북녘에서는 '스밈압력'이라는 말을 쓴다. 삼투압보다는 그래도 쉬운 말이다.

오랫동안 남과 북 사이에는 굳건한 장막이 있었고, 북녘은 외부와도 장막을 쳐왔다. 그러나 문물과 말은 스밈압력이 작용하는 것처럼 인식하지 못하는 사이에 스며든다. 양복이 전래되고 도꾸리 혹은 터틀넥을 우리가 입게 됐듯이, 아랫동네의 청바지가 돌고 돌아 북녘 땅의 장마당에 진출했듯이, 말 또한 그렇다. 막아놔도 자연스럽게 스며든다. 흰옷과 청바지를 함께 빨면 흰옷에 푸른 물이 든다. 빨래로 보면 잘못한 짓이지만 '말의 소통'이라는 면에서는 참고할 것이 많다. 청바지가 스며들 듯 문물이 스며들고, 푸른 물이 들듯 말이 스며들면 자연스레 소통이 이루어질 수 있다. 이렇게 조금씩 스며드는 것이 먼저다. '소통'이 이루어지면 '통일'이 가까워지니 얇은 막을 사이에 두고 스밈압력에 기대는 것도 좋은 방법이다.

먹을 것

이 땅의 모든 사람들이 먹고도 '기틸' 것이 있도록

장마당을 빠져나오면서 하늘을 보니 해는 아직 서쪽 하늘에 걸려 있다. 아직 저녁 먹을 시각은 아닌 것 같은데 출출함이 느껴지는 것은 순전히 장마당 음식 매대 때문이다. 떡, 빵, 밥, 국수, 순대 등 식욕을 자극하는 음식들이 매대마다 차례로 선을 보이고 있다. 그런데 처음 보는 음식을 파는 매대가 보인다.

"저건 뭡니까. 유부초밥 비슷하게 생겼는데……."

"두부밥임다. 밥만두, 인조고기밥도 있슴다. 시장하시면 하나씩 드셔볼람까?"

"네, 다 주세요. 골고루 맛보게."

"쫌 있다 예리랑 예리 아버지 만나서 저녁 먹으러 갈 검다. 조금만 듭소."

두부를 삼각형으로 잘라 튀긴 뒤 반을 갈라 밥을 넣고 위에 양념을 바른 두부밥은 유부초밥과 여러 모로 비슷하다. 밥만두는 말 그대로 밥을 만두소로 넣은 것인데, 맨밥은 아니고 김치볶음밥 비슷하다. 두부밥 양념이나 밥만두 안의 김치 모두 매콤한 맛이 나서 좋다. 인조고기밥은 이름에서는 유전자 변형을 한 고기일 것 같은 느낌이 나지만 남녘에서는 '콩고기'라고 부르는 그것이다. 이것 역시 주머니처럼 만들어 사이에 밥을 넣고 위에 양념을 얹어서 준다. 그런데 모두가 '밥'이다. 남녘에서의 주전부리는 밥 아닌 것들이 주를 이루는데 이곳에서는 결국 밥이다. 세 종류의 밥을 먹은 셈이니 과연 저녁을 따로 먹을 수 있을지 걱정이 된다.

　　　　종합시장으로 들어가는 수백 미터의 길거리에는 모두 떡, 온반, 빵, 지짐, 꽈배기, 우메기 등의 음식을 파는 매대가 있다. 온반은 밥에 뜨거운 고깃국을 얹은 것으로 남녘에서는 국밥으로 불리는 음식이다. 우메기는 찹쌀과 멥쌀을 섞어 익반죽을 하여 튀겨낸 후 조청에 재워 만든 떡이다. 가장 흔한 것은 두부밥과 인조고기밥이다. 또 역이나 학교 앞, 도로 등 거리에는 50미터 간격으로 음식 매대가 있다. 시장으로 들어가는 길거리 음식장과 달리 비닐박막으로 칸막이를 만들고 층층이 음식을 진열해놓았다. 즉석음식과 함께 떡·사탕·과자 등을 팔며, 때로는 각종 담배와 술을 팔기도 한다. 칸막이 매대는 시장관리소에서 매달 세를 징수하는 공식 매대이다. 사람이 많이 다니는 도로, 길목, 아파트 주변에서 음식을 판매하는 주민들이 있는데 주로 할머니들이 고구마, 사탕과자, 껌, 단물(사카린 물) 등을 판매한다.

"엄마 우리 외식하는 거야? 뭐 먹으러 갈 거야? 일식? 중식? 양식?"

"외식이 뭐이니? 그리구 조선식은 왜 빠졌니? 조선식은 싫어?"

"밖에서 먹으니 외식이고, 집에서 먹으면 집밥이고 그렇지요 뭐."

"그럼 조선식은 집밥이겠구나. 만날 먹는 집밥은 먹지 말자."

남녘에서는 '외식'이 흔히 들을 수 있는 말이 됐지만 거슬러 올라가보면 그리 오래된 말은 아니다. '집밥'이라는 말은 더 최근에 만들어진 말인데, 한자어인 '외식'이나 고유어로 된 '집밥' 모두 조금만 생각해보면 뜻이 바로 파악된다. 밥이 들어간 두부밥과 만두밥에 금세 익숙해지는 것처럼 우리말을 재료로 만든 말은 이렇게 쉽게 소화가 된다. 쉬운 한자로 이루어진 말도 마찬가지다. 어법에 맞고 뜻이 괴상하지 않다면 짜장면처럼 술술 넘어간다.

"고급스럽고 비싼 식당 말고 여기 사람들이 즐겨 찾는 식당에 가면 어떨까요?"

"추천해주시면 어디든 가겠습니다."

"참 벨랗습다. 이왕이면 다홍치마라고 어째 헐한 식당에 가자 함까? 그간 어느 어느 식당 갔더랬습까?"

"옥류관, 향만루 식당, 단고기 식당…… 뭐 이런 데 갔었습니다. 음식 맛도 서비스도 다 좋은데 이런 데 말고 서민들이 가는 식당에 가보고 싶어서요."

"걱정 맙소. 예리 아버지가 다 알아놨을 겁다."

평양에 와서 옥류관 '랭면'을 안 먹어봤다면 믿을 사람이 없을 것

▌ 평양냉면으로 유명한 옥류관의 모습

©Kounosu

이다. 맨 처음 가본 옥류관의 랭면과 갖가지 '료리'는 말 그대로 일품이다. 사실 음식 맛보다 '말의 맛'에 관심이 더 많았던 나로서는 특별한 것이 없어서 오히려 아쉬웠다. '랭면'이나 '료리'는 두음법칙을 적용하지 않는 것일 뿐이니 특별한 것이 없었고, 다른 음식도 '닭알공기찜'처럼 우리말만 알면 금세 알 수 있는 것들이었다. 닭의 알을 공기에 넣어서 찐 것이 '닭알공기찜'이니 재료, 도구, 조리법 모두가 이름에 반영돼 있어 이해하기 쉬웠다.

그나마 '게사니구이'와 '쉬움떡'이 색다르게 다가왔다. '게사니'는 '거위'의 방언인데 경기도나 강원도에서도 가끔씩 들을 수 있는 말이다. '쉬움떡'은 남녘에서는 '증편'이나 '술떡'이라 부르는 떡이다. 누군가는 만들기 쉬워서 이런 이름이 붙었다고 하지만 아무래도 술을 약간 넣어 발효를 시켜 쉰 맛이 느껴지기 때문에 생긴 이름으로 보인다. 17세기 후반의 《음식디미방》에도 나올 정도로 전통이 오랜 떡으로서 이름만 다를 뿐이다.

향만루 식당의 규모나 맛 또한 옥류관 못지않았다. 이곳에서는 중국 음식 위주로 먹었는데 역시 관심은 음식보다 음식의 이름이다. 그 이름은 보면 볼수록 참 솔직하다는 생각이 든다. '고기수산물완자남새합성'이니 '달고신매운닭발쪽'은 그저 읽기만 해도 음식이 눈에 그려진다. '남새'는 '채소'를 뜻하니 고기와 수산물을 완자로 만들어 채소와 함께 '합성시켜' 끓여낸 것이다. 남녘에서는 '족발' '닭발'이라고 부르는 것을 북녘에서는 '발쪽'과 '닭발쪽'이라 부르는 것의 차이가 있긴 하지만 '달고 신 매운'은 이름에서 그 오묘한 맛이 느껴진다. 남녘에서는 한자 발음 그대로 '교자餃子'라고 하는 중국식 만두를 '닭고기찐교즈'에서와 같이 '교즈'라고 쓰는 것이 좀 특이하다. 중국어 발음대로 쓰려면 '쟈오즈'가 되어야 하는데 '교자'와 '쟈오즈'가 반반씩 버무려져 있는 이름이다.

'단고기'는 단맛이 나는 고기가 아니라 개고기를 가리킨다. 남녘에서는 가정집을 개조하여 'OO나무집'이라는 간판을 달고 '영양탕'이라는 이름으로 판매하고 있지만 북녘에서는 규모가 크든 작든 '단고기집'이라는 간판을 커다랗게 달고 당당하게 팔고 있다. 탕, 찜, 구이, 조림 등이 코스로 나오는데 남녘에서도 전혀 먹지 않던 음식이라 괴로울 따름이었다. 그나마 '개내장합성'이라는 메뉴의 '합성'이라는 말을 다시 보게 되니 반가웠다. 남녘에서는 '섞어

찌개'에서 '섞어'의 의미로 '합성'을 쓰는 듯하다. 개와 엿의 재료를 푹 고아 엿처럼 만든 '개엿'은 이름만큼이나 맛도 충격적이다. 그러나 편견이나 추측은 금물, 북녘에서는 정말 즐겨 먹는 영양 간식이다.

북녘에서는 개고기를 즐겨먹는데 1990년대 평양 통일거리에 개업한 단고기 식당이 유명하다. 이전에는 개고기 식당이라는 간판을 사용하였으나 평양을 방문한 외국 손님들이 개를 먹는다는 비판을 했다는 게 김정일 위원장의 귀에 들어가면서 개고기를 단고기로 고쳐 불렀다는 설이 있다. 지방 도시에서는 개고기 식당이라는 간판을 그대로 사용한다. 개고기는 봄철 기운을 살리는 보양식으로 판매된다. 5·1절을 비롯한 국가 명절날이면 공장 기업소 간 축구 경기가 진행되는데 흔히 개 한 마리를 걸고 진행된다. 이기는 팀이 상으로 개 한 마리를 통째로 받으면 개고기 파티가 벌어진다. 아내들이 남편 생일날 집에서 기르던 개를 잡아 생일 손님을 치르기도 한다.

이런 고급 식당은 저마다 특색을 자랑하고 있지만 '말의 맛'으로 보면 거기서 거기다. 방언조사 때는 가능하면 촌으로 가서, 가능하면 학력이 높지 않은 할머니 할아버지를 찾아가곤 했다. 여기서도 그런 관성이 나도 모르는 새 드러난다. 이렇게 '현지 중의 현지'에 사는 이를 만나야 말의 맛을 느낄 수 있고, '그 땅 사람들 가는 식당'

에 가야 현지의 맛을 제대로 느낄 수 있다. 저 멀리서 리 교수와 딸 예리가 다가온다. 어떤 식당으로 안내할 것인가. 기대가 크다.

"옷 좀 사시오? 오곰 놀렛으니 출출하가시오. 얼떵 저녁 먹으로 갑시다. 서민들이 먹는 것 먹고 싶다 했디요? 국수 어드래요?"

"국수요? 어떤 국수입니까? 랭면 아니지요? 국수는 뭐든지 좋습니다."

"농마국수입니다. 감자 농마로 만든……. 남조선에서는 어떨지 몰라도 여기선 국수 한 그릇이 쌀 한 키로 값입니다."

"걱정 마세요. 리 교수님이 안내하는 데라면 쌀 열 키로 값도 일 없습니다."

몸을 활발하게 움직인다는 뜻의 '오곰을 놀리다'라는 표현이 재미있다. 남쪽에서는 '오금이 저리다'나 '오금아 나살려라'와 같은 표현에서만 '오금'이 쓰이는데, 이곳에서는 이렇게도 쓴다. '날래'든 '얼떵'이든 서둘러야겠다. 저녁으로 국수를 먹는다는 말에 다들 실망한 눈치다. 빨리 국수를 먹고 애들이 좋아할 만한 음식을 파는 데를 찾아봐야 할 듯하다.

그런데 '녹말'이 왜 '농마'일까? 녹말은 감자, 고구마, 녹두 등을 갈아 앙금을 가라앉혀 말린 것을 뜻한다. 한자 '綠末'을 보면 '녹색 가루'라는 뜻인데 감자나 고구마는 물론 녹두綠豆의 앙금도 결코 녹색이 아니다. 중국에서는 '정분淀粉, dianfen'이라 하고 일본에서는 '전분澱粉, でんぷん'이라고 하니 한자도 전혀 다르다. 아무래도 '농마' 혹은 이와 비슷한 고유어에 억지로 한자가 부회되어 '녹말綠末'

이 된 듯하다.

"어드런 집으로 가가시오? 그래도 탁자나 의자도 있는 번듯한 데로 가가시오, 아니면 마다라스 깔고 앉아 밥상에서 먹는 데로 가가시오?"

"돈 아껴서 애들 맛난 거 사주고 리 선생님과 이차도 갈라고 하니 그냥 헐한 데로 가시죠."

"에루와 하디 말라요. 볼 거 다 보구 가야디 않가시오? 기까짓거 죽은 사람 소원두 들어준다는데 갑시다."

리 교수 때문에 에루와, 아니 어려워한 것은 아니다. 다들 근사한 저녁을 기대하고 나왔을 텐데 국수를 먹자고 우기는 것 때문에 에루와하는 것뿐이다. 리 교수의 안내로 들어간 국숫집은 가정집에 '농마국수'라는 간판 하나만 걸었을 뿐 메뉴도 따로 없다. 그야말로 일품 식당이다. '마다라스'가 뭔가 했는데 가서 보니 매트리스의 러시아식 발음이다. 그 위에 밥상을 놓고 국수 한 그릇씩을 갖다준다. 급한 마음에 한 젓가락 집어서 입에 훌훌 넣어본다. 그런데 낭패다. 삼킬 수도 뱉을 수도 없다.

"농마국수 찔리디요. 찔린 맛에 먹디요. 기리게 급하게 잡수디 말라요."

"슬기야 농마국수는 많이 찔리다. 저리 미련스럽게 먹지 말고 몇 가닥씩 천천히 먹으라."

눈물 콧물 다 빼면서 겨우 삼키긴 했는데 체면이 말이 아니다. 거의 쫄면 수준이다. 녹말로 만든 가늘디 가는 함흥냉면도 제대로 끊지 못하면서 더 굵은 농마국수를 아무 생각 없이 삼킨 내가 잘못이다. 그렇다고 '가새'를 달라고 할 수도 없는 노릇이다. 북녘 식당에는 가위도 없을뿐더러 농마국수 자체가 '쩔린 맛', 남녘말로는 질긴 맛으로 먹는 것이다. 메밀로 만들어 뚝뚝 끊어지는 평양냉면만 생각한 것이 잘못이다. 그 사이에 귀에 들어온 '끊어 안 지다'는 나처럼 소리를 연구하는 사람 말고 문장을 연구하는 사람들이 좋아할 소재다. '안 끊어지다'나 '끊어지지 않다'를 써야 할 자리에 '끊어 안 지다'를 쓴다.

국수를 좋아하는 나와 리 교수 부부는 말끔히 그릇을 비웠는데 아내와 아이들은 반쯤 남겼다. 장마당에서 먹은 여러 종류의 밥 때문이기도 하고, 끊어 안 지는 국수 탓이기도 하지만 아무래도 주변 시선이 불편한가보다. 말투부터 차림새까지 너무 달라 어느새 주위 사람들의 구경거리가 되어 있다. 리 교수는 거 보란 듯이 실실 웃기만 한다. 이럴 땐 늘 발 빠른 예리 어머니가 나선다.

"이차라 했습까? 그게 뭔지 몰라도 가깁소. 시내에 이딸리아 료리 식당으로 가는 게 어떻습까?"

"밥을 세 가지나 먹고 국수도 한 그릇 다 먹었는데 또 식당에 가자고요?"

"한 선생님은 예리 아버지랑 가고 싶은데 갑소. 우린 여자들끼리 갈람다. 슬기가 얘기 안 했습까, 삐짜 먹고 싶다고?"

없는 눈치가 북녘에 온다고 생기는 것은 아닌 듯하다. 북녘에 혼자 가라는 걸 겨우 설득해 데리고 왔는데 여기 와서도 내가 가고 싶은 데로만 끌고 다니고 있다. 나야 말이 궁금해 어디든 좋지만 제한된 생활에 무료해 있을 아내와 아이의 마음을 헤아리지 못했다는 자책도 든다. 리 교수는 여전히 고소하다는 표정으로 바라보며 묵묵히 여자들의 말을 좇아 안내해준다.

"구운빵지짐이라 안 하고 삐짜라고도 하나봐요."

"구운빵지짐은 다른 검다. 저기 밀가루 풀을 얇게 지져내서 사이에 단 거 채운 검다."

"아 구운빵지짐은 와플이군요. 그럼 저기 도마도즙친국수볶음이라고 써 있는 것도 스파게티라 하나요?"

"한 선생님, 여긴 아직 저런 서양 료리가 많지 않아서 식당마다, 사람마다 이름이 제각각임다. 전엔 고기겹빵이라고 했는데 요즘엔 햄버거라고 하는 사람도 종종 있슴다."

설익은 지식으로 잘못 알고 있는 것이 많아 민망하다. 와플은 그냥 와플이라고 하기도 하지만 북녘식으로 '구운빵지짐'이란 이름이 붙었는데 피자는 그냥 이탈리아식 발음으로 '삐짜'라 한다. 식빵을 구워서 무엇을 더하느냐에 따라 '치즈군빵'이니 '빠다군빵'이라고 이름을 짓기도 한다. 식빵 사이에 다른 재료를 넣은 토스트는 '겹빵'이라 하여 채소를 넣은 것은 '남새겹빵', 계란을 넣은 것은 '닭알겹빵'이라 한다. '고기겹빵'이라고 불리던 햄버거는 어느 식당에서는 '함부르그식빵'이라고 써놓기도 하고 그저 '햄버거'로 부르기도 한다. 시간이 지나면서 어떻게 자리를 잡을지 궁금하다. 그러나 이름을 지을 새도 없이 너무 많은 것이 한꺼번에 쏟아져 들어

▌ 평양 한 음식점 메뉴판　　　　　　　　　　　　© uritours.com

오면 본래의 말 그대로 자리를 잡을 가능성이 크다. 중국이나 일본
과는 다르게 한글로는 무엇이든 손쉽게 표기가 가능하기 때문이다.

　이딸리아 식당은 오래 기다려야 해서 알아서들 먹으라고 하고
리 교수와 나는 맥주 한잔할 곳을 찾아 걸음을 옮겼다.

　"아니 남조선에서는 밥을 일차, 이차 그렇게 나눠 먹습니까."

　"아닙니다. 보통은 자리를 옮겨가며 술을 먹을 때 그런 말을 씁니다.
예전에는 삼차, 사차도 했는데 요즘은 이차도 많이 사라졌습니다."

　"거 참 끼니 먹기도 바쁜데 술을 그리 마십니까? 기렇게 마시면
술에 쩔가시오. 하기사 주량이 도량이라는데."

평양 시민들은 국가에서 공급받은 맥주표를 가지고 식당 및 청량음료 매대에서 국정 가격으로 마신다. 평양시의 간부들은 국가에서 공급하는 룡성술, 인삼술, 평양술 등 병술을 마신다. 간부들은 주로 식료공장 간부들과 연계해 공장 술을 뇌물로 받거나 구매해 마시기도 한다. 지방 주민들은 개인이 제조한 밀주 '농태기'를 마신다. 밀주의 도수는 23~25도인데 남성들은 30도를 선호한다. 과거에는 설날이나 김일성과 김정일 생일 기념으로 각 세대당 병술 한 병을 국정 가격으로 공급했다. 그러나 지금은 지방 식료공장의 자력갱생이 강조되면서 원자재를 시장에서 사들여 술도 시장 가격으로 공급되고 있다.

술은 밀주 생산자의 집, 길거리 매대, 시장의 음식 매대 등에서 구매한다. 퇴근 후 남성들은 집에서 혼자 마시거나 친구를 초대해 마신다. 간부들과 돈주들의 술안주는 돼지고기, 오리고기 불고기, 낙지회 등이다. 일반 주민들은 모두부에 양념장을 얹어 먹거나, '노동자 고기'로 불리는 인조고기를 시장에서 구매해 찢어서 안주로 삼는다. 또 생파에 소금도 안주에 제격이다. 여성들은 대개 술을 마시지 않기 때문에 술 마시는 여성은 곱지 않은 시선으로 본다.

말해놓고 나서도 조금 부끄럽지만 경제적으로 내가 조금 나으니 조금 '괜찮은 데'로 이차를 가자고 리 교수에게 조른다. 혹시라도 이곳에서 이방인이 '가난하다'라는 말을 쓰면 핀잔을 먹기 십상이다. '경제적으로 조금 어렵다'라고 돌려 말해야 서로가 상처가 안 된다. 그렇게 해서 찾아간 카페에서는 온갖 술을 골고루 팔고 있다. 생맥주는 그저 '생맥주'인데 황맥주, 흑맥주, 연한 맥주, 검은 쌀 맥주 등 종류도 많다. '혼합주'는 칵테일인가본데 '맨해튼' '위스키 사워' '진라이므' 등등 다양한 구색을 갖춰두었다. 차례대로 'Manhattan, Whisky sour, Gin lime'인데 미국식 발음과 일본식 발음이 왔다갔다 한다. 외국 술 메뉴에는 '헨니스 꼬냐크' '스코취 위스키' '샴팡주' '워드카'가 눈에 띈다. 한글의 위대함이여! 조금씩 다르게 썼어도 발음을 곱씹으며 읽어보면 무엇인지 파악이 된다. '샴팡'과 '워드카'는 '샴페인'과 '보드카'로서 일제강점기에도 나타난 표기인데 여전히 쓰이고 있다.

낯선 혼합주는 꺼려지고 독한 꼬냑, 워드카 등은 겁이 나니 만만한 황맥주와 흑맥주 한 잔과 말린 '맛살'을 주문했다. 이곳에서의 '맛살'은 남녘의 게맛살이 아니라 맛조개를 말린 것이다.

"리 선생님, 오늘 고마웠습니다. 덕분에 좋은 경험했습니다."

"기런 말씀 하디 말라요. 기냥 뭐 길바닥만 안내햇을 뿐입니다."

"아닙니다. 늘 고맙게 생각하고 있습니다. 한 잔 쭉 들이키시죠. 안주도 더 시킬까요? 먹는 게 남는 거 아니겠습니까?"

"허허, 남는 게 잇어야 먹는 게 잇디 않가시오? 이 땅엔 아직 삐짜가 머인지도 모르는 사람들이 대다수고 농마국수 한 그릇 먹기도 바쁜 사람들이 많습니다."

"네, 모두들 밥은 제때 배불리 먹을 수 있는 때도 곧 오겠지요. 그래도 주문한 건 다 먹어야 하지 않겠습니까? 기티디 말고 다 드시라요."

오랫동안 방언을 연구해왔으면서도 방언을 흉내내는 것은 영 젬병이다. 중국 단둥에서 평안북도 의주 방언을 조사할 때 들었던 '기티다'라는 말을 써봤는데 입에 잘 붙지 않는다. '남기다'라는 뜻으로, 남녘에는 '끼치다'라는 말로 남아 있다. 북녘에 있는 반년 동안 폐나 끼치지 않으면 다행이겠다. 이 땅의 모든 사람들이 배불리 먹고도 기틸 것이 있는 상황이 되도록 조금이나마 영향을 끼칠 수 있으면 더 좋겠다.

학습 용어

‘미누스’가 아닌 ‘뿌라스’의 방법으로

"아지미, 잘 잇어시오. 슬기 언니랑 놀라구 와시오."

"예리구나. 인사성도 참 밝기도 하지. 그래 슬기가 심심해하니 같이 좀 놀아주렴. 예리 어머니는 저랑 놀아요. 저녁도 같이 먹어요."

토요일 오후, 학교를 마친 예리와 예리 어머니가 놀러왔다. 아니 놀러왔다기보다는 놀러와달라고 간청한 것이다. 슬기가 영 심심해한다. 남녘에 있었으면 주중에는 학교다 학원이다 바쁠 테고, 주말이면 친구들과 놀러 다니느라 바쁠 텐데 여기서는 내내 집에만 틀어박혀 있으니 심심한 것이 당연하다. 반년 동안 학교를 다니자니 적응할 무렵에는 떠나야 해서 그냥 집에서 하고 싶은 대로 두고 있는 상황이다. 말이 좋아 홈스쿨링이지 엄마 아빠가 해줄 수 있는 것은 한계가 있다. 말 그대로 중학교 2학년, 중이병에 단단히 걸린 아이는 자기 하고 싶은 대로 놔두는 것이 상책이다. 붙임성이 좋은 예리는 공부하고 있는 슬기에게 다가간다.

북녘에서는 11년제 의무교육을 실시해오다 2014년 4월 1일부터 유치원 높은 반(만 5세)과 소학교, 초급중학교, 고급중학교의 12년제 의무교육을 실시하기 시작했다. 12년제 의무교육으로 학생들은 한 살 더 어린 나이부터 유치원 교육을 받게 되었다. 고급중학교 3학년 학생들은 예비시험을 거쳐 성적에 따라 대학 입학 시험에 응시하게 된다. 대학 입학 자격은 일반 중학교에 20퍼센트 정도가, 영재를 교육하는 제1고급중학교에 80퍼센트 정도가 배당된다.

대학은 4~5년제, 의대는 6년제, 전문학교는 2년제이다. 공업도시에는 노동자들을 위한 4년제 야간공업대학이 있다. 공업대학은 지망하는 공장 노동자 누구나 갈 수 있으며 교육비는 무료다. 특급, 1급 공장 기업소에는 자체로 운영하는 2년제 전문학교, 혹은 1년제 기능공학교(직업학교)가 있다. 기능공학교를 졸업하면 직업기술 급수가 올라간다. 급수가 오르면 월급도 오른다.

"언닌 머 하구 이시오? 그 원주필 귀엽게 생게시오. 나도 좀 써보자요."

"원주필? 이건 볼펜 모양으로 된 샤픈데."

"아이 참 신기해요. 생기긴 원주필처럼 생겼는데 수지 연필이야요. 언닌 샤프라고 해요?

"원주필이 볼펜이야? 그거 우리 아빠 나이보다 더 많은 볼펜 모양으로 특별히 만든 사프야."

볼펜의 대명사 '153 볼펜' 모양으로 만든 '샤프' 이야기다. 볼펜인지 샤프인지 헷갈리는데 여기에 '수지 연필'과 '원주필'도 끼어들었다. 샤프는 편리하긴 하지만 늘 이름이 마음에 걸린다. '샤프펜슬'의 준말일 텐데 영어에는 이런 말도 없는 데다가 '펜슬'도 떼어버리고 '샤프'만 쓰니 딱 일본식이다. 영어로는 '메커니컬 펜슬mechanical pencil'이라고 하는데 그렇다고 영어를 가져다 쓸 수도 없는 노릇이다. 일본어식 표기와 발음이 마음에 들지 않는다고 해서 영어로 대체하는 것도 우습다. 북녘에서는 '수지 연필'이라고 하는데 '수지'가 무엇인지를 또 설명해야 하니 이 역시 어렵다.

볼펜, 더 정확히 '볼 포인트 펜ballpoint pen'은 1950년대 이후 널리 쓰이기 시작했고, 우리나라에서는 1950년대 말부터 신문에 등장한 기록이 있으니 분단 이전에는 없었던 물건이다. 남녘의 '볼펜'은 영어 이름의 일부를 가져다 쓰고 있는 것이고, 북녘의 '원주필圓珠筆'은 중국어 이름을 그대로 가져다 쓰는 것이다. 북녘에서 흔히 하는 방식으로 하자면 '공 연필'이라고 해야 할 텐데 그것이 영 이상했던 듯하다. 결국 분단 이후 남과 북의 상황에 맞게 서로 다르게 쓰고 있는 것이니 어느 용례가 더 옳다고 판가름할 수 없다.

그래도 물건이 눈앞에 있으면 쉽다. 물건을 가리키며 각각을 어떻게 부르는가 물어보면 된다. 그리고 어휘의 차이는 심각한 것이 아니라서 쉽사리 대체할 수도 있고 필요하다면 둘 다 외울 수도 있다. 남과 북의 말이 다른 것에 익숙해져 있는 슬기와 예리는 그렇게 소통을 해나가고 있다.

"이 학습장 정말 하얗고 좋아요. 뚜껑 그림두 고와요."

"이거 몇 권 더 있는데 하나 줄까? 나는 충분해."

"황송하게스리 진짜요? 난 뭐 줄 게 변변한 게 없시오."

"여기 교과서 좀 보여줄래? 수학 교과서가 궁금해서 그래."

학습장은 오래전에 쓰이던 말이라서 슬기에게는 익숙하지 않은 말이겠지만 뜻이 통하긴 하나보다. 그런데 왜 수학 교과서를 보려는 걸까? 속내를 알 수 없지만 아이들끼리 잘 노는 게 신기해 그냥 바라보기만 한다.

북녘에서도 유치원, 소학교, 대학에 이르는 교육기관용 교재를 교과서라고 말한다. 정치·경제·사회 등 다양한 지식과 상식을 활자로 인쇄해 출판된 것을 책이라고 부른다. 수학풀이에 필요한 공백의 종이묶음을 공책이라고 한다. 공책과 비슷한 이름으로 학습장, 노트가 있다. 학습장은 교과목의 학습 내용을 적는 얇은 공책이라는 의미이다. 노트는 학습장보다 두꺼운 공책을 말한다. 교시노트, 말씀노트로 불리는데 빨간 표지가 씌워 있는 흰 종이로 만든 고급 공책들이 수령의 혁명역사를 공부하는 데 쓰인다.

"호호호, 정말이네. 진짜 사귄다고 하네. 선과 선이 사귄대."

"기게 기렇게 우스운가요? 내가 좋아하는 수학 개지구 놀리지 말라요."

"엄마 아빠도 사귀었어? 언제? 그럼 참 비극인데?"

"얘가 지금 무슨 소리를 하고 있는 거야. 다들 사귀다 결혼하는 건데 그게 왜 비극이야?"

"평행하지 않은 선은 언젠가 사귄다는 그 말인가요?"

슬기의 장난기가 발동했다. 아빠가 쓴 중학교 국어 교과서로 배우면서도 늘 재미없다고 아우성인 슬기가 북녘의 수학 교과서를 보고 재미있단다. 아마도 〈남북한의 언어 차이〉 단원에 예로 넣었던 것을 확인한 듯하다. 남녘에서는 사람만 사귀지만 북녘에서는 선도 사귄다. 남녘에서 '사귀다'는 서로 알고 친하게 지낸다는 뜻인데 북녘에서는 '교차하다' '서로 엇갈려 지나가다'라는 뜻이다. 북녘의 표현대로 아내와 사귀었으면 슬기는 세상에 없을 뻔했다. 교과서에 그 사례를 넣었는데 슬기는 아빠가 거짓말을 한 것인지 아닌지 확인하고 싶었나보다.

"예리네 집에 갔을 때 아빠가 말한 '아낙'도 여기 나오네. 엄마 아낙각이 뭔지 알아?"

"안쪽각? 아님 내각? 그럼 외각은 뭐라고 불러?"

"그건 바깥각이래."

"세상에 이렇게두 다르구나야. 뭐가 또 다른지 배워주라요."

"우리 퀴즈 놀이 해볼까? 수학에서 쓰는 말이 무슨 뜻인지 맞혀보기 놀이."

놀이를 제안하긴 했는데 이게 과연 놀이가 될 수 있을까? 한없이 심심한 슬기와 수학이라면 자신감이 넘치는 예리는 눈을 반짝인다. 이곳에 오면서 꼭 확인하고 싶었던 것을 적어온 것을 꺼내든다. 학교 선생님을 만나서라도 확인해야 했던 것들인데 슬기가 알아서 기회를 준다. 슬기가 고맙다.

"1과 그 자신만을 약수로 가지는 수를 뭐라 할까?"

"씨수!"

"소수!"

"왼쪽과 오른쪽의 값이 같을 때 쓰는 기호는?"

"등호!"

"같기표!"

'씨수'는 한자어 '소수素數' 대신 고유어를 쓴 것이니 그냥 서로 대치해서 이해하면 되는 것들이다. '같기표' 역시 한자어 '등호等號'를 고유어로 풀어 쓴 것이니 말을 분석해가며 곰곰이 생각해보면 그 뜻을 알 수 있다. 몸 풀기 문제로 낸 건데 너무 쉬웠나보다. 좀 더 어려운 문제를 내본다.

"한 정점과 한 정직선에 이르는 거리가 같은 점의 자취는?"

"……."

"한 선생님, 팔매선은 초급중학교에서는 아이 배웁다. 고급중학교 가야 압다."

"아 예리 어머니, 정말 포물선을 팔매선이라 하는군요."

예리 어머니의 말대로 포물선은 정의도 어려울 뿐만 아니라 고등학교에서나 다루는 개념이다. 그런데 아무 생각 없이 쓰고 있긴 하지만 '포물선抛物線'은 정말 어려운 단어다. 한자 '抛던질 포'는 '포

▌북한 교과서 《해석 수학》 온라인 강의를 듣는 평양의 학생　　　　　© Jenny Bento

기^{抛棄}'에도 쓰는 글자인데 요즘은 쓰기는커녕 읽을 사람도 많지 않다. 이 단어를 글자 그대로 해석하자면 '물건을 던질 때 나타나는 선'인데, 이를 북녘에서는 '팔매선'이라고 하는 것이다. 어차피 수학 용어는 그 개념 정의를 배워야 하는 것이지만 하나의 단어로 보자면 '팔매선'이 더 쉽게 다가오기는 한다.

슬기를 이곳에 데려오기를 잘했다는 생각이 든다. 남녘에서의 국어 수업시간에 '씨수' '같기표' '팔매선' 같은 단어를 보면 어땠을까? 분명히 깔깔대면서 '정말 웃기지 않아?'라는 반응이었을 것이다. 그러나 막상 이곳에 오니 태도가 다르다. 여행을 떠나기 싫어하면서도 막상 현지에 오면 마음이 설레고, 현지에 오면 그곳의 문화에 적응하려고 노력하는 모양새 그대로다. 가보지 않은 남대문은 자기 마음대로 재단하고 폄훼하지만 일단 남대문을 눈으로 본 사람은 그것을 관찰하며 머리와 가슴에 담으려고 노력한다.

"슬기야, 원 플러스 원 이퀄 귀요미 한 번 해볼래? 너 잘하잖아."

"아빠 그건 옛날 얘기고, 내가 지금 나이가 몇인데……."

나이가 몇이긴 이제 겨우 열다섯이지. 슬기 또래의 어린 아이들도 '옛날'이라는 말을 쓴다. 슬기의 말대로라면 분단 이전은 얼마나 옛날일까? 옛날을 몇 번이나 거듭했을 법한 세월이다. 그 세월의 길이만큼 말이 달라질 여지도 충분했다. 그리고 그 세월을 핑계로 삼아 달라진 말을 정당화할 수도 있다.

"귀요미가 뭔가요? 원 플러스 원 이퀄 투지 어째 귀요민가요?"

"니네도 영어 배우니? 언제부터 배워?"

"소학교 삼년부터 배워요. 그런데 더하기, 덜기 할 때는 다르게 해요."

"플러스, 마이너스 아냐? 아님 어떻게 하는데?"

"플류스, 미누스 이렇게 해요, 호호호호."

"그건 또 뭐야? 왜 그리 발음이 구려?"

"구린 게 뭐야요? 그냥 우린 그렇게 한단 말이에요."

11년제 의무교육 시기에는 중학교 1학년부터 영어, 한문, 러시아어 교육을 실시했다. 김정은 시대에 들어서면서 시작된 12년제 의무교육에서는 소학교부터 영어 교육을 시작하고 있다. 소학교에서는 영어 자모 및 쉬운 단어와 문장을 배운다. 고급중학교에 들어서면 영어 단어를 외우는 경연을 한다. 영어 사교육을 받는 경우 졸업할 무렵 회화를 할 수 있는 수준에 이르지만, 그렇지 않은 경우는 문장 읽는 데 그친다.

아내가 슬쩍 슬기한테 눈치를 준다. 자기 딴에는 '옛날'을 찾으며 나이가 든 척하지만 아이는 아이다. 구린 발음이 아니라 러시아식 발음이다. 그나마 예리는 '플류스'라 하는데 어른들은 '뿔류스'라 한다. 사실 우리도 일상에서는 '플러스'가 아닌 '뿌라스'라고 하지 않는가? 영어식 발음으로는 '플러스'와 '마이너스'이지만 이 단어의 뿌리가 라틴어에 있음을 감안한다면 '플루스'와 '미누스'가 원조 발음이다. 그러니 그 발음을 '구리다'라고 표현하는 것은 오로지 영어 발음에만 기댄 편견일 수 있다. 결국 기준이 문제인데 그 기준을 나, 혹은 내게 친숙한 것으로 삼으면 이 기준에 어긋나는 것은 다 '구릴' 수밖에 없다. 그러나 환갑이 지나 칠순이 다 되어가는 분단의 세월을 생각해보면 다른 것은 당연하고, 한 가지 기준을 들이대며 그것이 틀렸다 말할 수는 없는 노릇이다.

슬기와 예리는 자기들끼리 수학책을 넘기며 깔깔대고 웃는다. 서로의 책을 보며 구리다고 말하고 있지만 정말 구린내를 맡고 있는 것 같지는 않다. 수학을 배우는 것이 새로운 용어와 그 개념, 그리고 용법을 알아가는 것이듯이 두 아이도 서로 배우며 알아가는 단계, 혹은 사귀고 있는 단계이다. 서로가 그저 엇갈려 지나가기만 하지 않고 사귐점을 만들고 아낙각과 바깥각을 만들어가고 있는 모습이다. 머리가 굳고 아집으로 가득 찬 '옛날' 사람들보다 훨씬 낫다.

"예리 어머니, 전에 리 선생님 그림을 봤더니 나무 두 그루가 붙어 한 나무로 자라는 게 있더군요. 여기서도 연리지란 말을 씁니까?"

"그거 소련말임까? 말이 어렵습다. 그런 나무가 있다는 걸 알긴 압다."

"여기 식으로 이름을 붙이자면 두 뿌리 한 나무 정도가 되지 않을 까요. 남과 북의 말을 보면서 연리지 생각이 나서요."

"슬기 아빠, 지금 얘기하려고 하는 게 두 뿌리 한 나무가 아니라 한 뿌리 두 가지 아닌가요?"

"그러게. 사람에 따라서 어떻게 보느냐에 따라 다를 수가 있어 서……."

아내의 말이 맞다. 본래 하나의 말이었다가 분단 이후 갈라진 것이니 한 뿌리 두 가지가 맞다. 그런데 이건 어쩌면 '옛날 사람들'의 생각일 수 있다. 슬기나 예리 또래의 아이들 기준으로 보면 한 뿌리였던 경험이 없으니 그저 두 뿌리로 보일 수도 있다. 학교나 언론 등을 통해 북녘의 말을 다른 나라의 말인양 접해왔으니 더더욱 그럴지 모른다. 두 뿌리이면 연리지라 말할 수 있는데 본래 한 뿌리이면 뭐라 표현해야 하나 하는 난감한 문제에 부딪치게 된다.

통일을 생각하고 그 과정에서의 언어 문제를 생각하면 이것은 단순한 표현의 문제만은 아니다. 한 뿌리 두 가지이면 이 상태로 자연스럽게 크도록 하는 것이 상책이다. 나무가 가지를 뻗는 것은 자연스러운 과정이니 나무의 성장을 위해서도 당연한 선택이다. 문제는 분단이라는 원치 않은 상황 때문에 가지가 갈라졌다는 데 있다. 그렇다고 두 가지를 다시 합칠 수 있을까? 아니면 어느 한쪽을 가지치기 해야 하는 것인가? '옛날 사람들', 혹은 지구가 자기를 중심으로 돌아야 한다고 생각하는 사람들은 억지로 합치거나 가지를 치려고 할 수도 있다. 이들은 늘 말은 하나여야 한다고 생각하고, 그래서 언어가 통일되어야 한다고 믿는다.

두 뿌리 한 나무여도 자연스럽게 성장하도록 두면 된다. 한쪽 뿌리에서는 양분을, 다른 한쪽 뿌리에서는 수분을 알차게 빨아올릴 수 있다면 그렇게 하나의 나무로 쭉쭉 커나가게 하는 것도 방법이다. 어쩌면 슬기와 예리 또래의 아이들은 그런 나무를 키워나가게 될지도 모른다. 굳이 뿌리니, 가지니 하는 원론적인 고민을 하기보다는 현실 속에서 어떠한 것이 가장 좋은 것인지 판단하며 하나하나 풀어나갈지도 모른다. 누군가 고집스레 한쪽 나무만 살려야 한다거나 두 나무를 갈라놓아야 한다고 우기지만 않는다면 말이다.

한 나무 두 가지를 그대로 살리는 것은 '플러스'의 방법이고, 가지를 치는 것은 '마이너스'의 방법이다. 두 뿌리가 한 나무로 자라도록 두는 것은 '플류스'의 방법이고, 한 뿌리를 자르거나 둘을 갈라놓는 것은 '미누스'의 방법이다. 가지는 풍성할수록 좋고, 뿌리는 깊고 넓을수록 좋다. 통일 이후의 말도 그리 두는 것이 좋은 방법이다. '더하기'와 '빼기'도 우리말이고, '더하기'와 '덜기'도 우리말이다. '플러스'와 '마이너스'도, '풀류스'와 '미누스', 심지어 '뿌라스'와 '뿔류스'도 우리말이다. 자연스럽게 놓아두면 떨어질 잎들은 떨어지고, 삭정이가 될 가지는 삭정이가 된다.

슬기와 예리를 바라보는 예리 어머니의 표정이나 우리 부부의 표정이나 매한가지다. 수학을 좋아하는 예리는 슬기의 수학책에 나오는 연습문제를 슬기와 같이 풀고 있다. 어차피 수학은 기호고, 기호는 익히면 된다. 일 플러스 일은 귀요미가 맞고, 슬기 풀류스 예리도 귀요미가 맞다. 처음에는 북녘의 의미대로 사귀던 슬기와 예리는 어느새 남녘의 의미대로 사귀고 있다. 쭈뼛대는 어른들에 비해 아이들은 참 쉽게 이해하고 가까워진다. 연리지의 두 번째 뜻은 '화목한 부부나 연인 사이'다. 남과 북이 화목하면 말도 자연스럽게 화목해진다.

기술 용어

하드웨어가 아닌 소프트웨어로 해결하라

"언니, 저 파랗고 얇은 거 노트형 콤퓨터 맞나요? 좀 보자요."

"노트형 콤퓨터? 여기 방식으로 하라면 공책형 전자계산기라고 해야 하는 거 아냐?"

"머 복잡하게 따지지 말고 보자요."

수학 문제 풀이가 더 이상 재미없는가보다. 예리의 눈이 슬기의 노트북에 머물더니 관심을 보인다. '컴퓨터'는 의외로 약간 발음만 다른 '콤퓨터'라고 부른다. 외래어는 뭐든지 번역해서 쓰는 중국에서 컴퓨터를 '전기로 작동되는 뇌'라는 뜻의 '전뇌電腦[diannao]'라고 하는 것을 고려해보면 이쪽에서도 '전기뇌' 정도로 할 것 같은데 아니다. 책상에 올려놓고 쓰는 데스크톱은 '탁상형 콤퓨터'라고 하니 '노트형 컴퓨터'와 짝이 잘 맞기도 한다. 그렇다면 무릎에 올려놓고 쓰다는 의미의 랩톱은? '무릎형 콤퓨터'라고 해야 할 것 같은데 그냥 '랩톱 콤퓨터'다. 왜 일관되게 바꾸지 않았냐고 물으면 예리의 말처럼 '복잡하게 따지지 말자요. 그렇게 쓰기도 해요'라는 대답이

나올 것이 뻔하다.

"언니, 이거 어째 건반이 못 쓰게 돼시오. 건반이 떼젯단 말이에요."

"부서진 거 아냐, 키보드 스킨 떼면 태블릿으로 쓰고, 붙이면 노트북으로 쓸 수 있게 만든 거야."

"요롷게 하면 판형 콤퓨터가 되누나? 그런데 영상표시장치나 건반이 너무 얇은 거 아닙니까? 이래서 뭐 쓸 수 있겠습니까?"

"영상표시장치는 모니터야? 건반은 키보드고? 얇아야 가볍고, 그래야 들고 다니기 좋지."

가능한 한 짐을 줄이려고 얇은 노트북 하나만 달랑 들고 왔는데 너무 얇다고 예리한테 핀잔을 먹었다. 키보드가 분리되는 모델인데 예리는 부서진 줄 알았나보다. '키보드'와 '건반'의 혼란 때문에 낯설어 할 법도 한데 슬기는 이제 많이 적응됐는지 적당히 알아듣고 적당히 바꾸어 말하기도 한다. 우리는 '건반' 하면 피아노 건반을, '키보드' 하면 컴퓨터 자판을 떠올리지만 '키보드'는 종종 건반 악기를 가리키기도 한다. 결국은 다 통하는 말이다. '태블릿'은 왜 '판형 콤퓨터'라고 하는가도 직관적으로 이해된다. 사실 '태블릿'이란 말을 더 어색하고 어렵게 느끼는 사람도 많다. 그런데 예리는 '얄다'를 쓰고 슬기는 '얇다'를 쓰고 있는데 서로가 의식하지 못하는 것일까? 방언 연구자에게는 너무나 재미있는 사례인데 애들은 뜻이 통하니 그냥 넘어간다. 이렇게 통한다면 묻지도 따지지도 않는 것도 괜찮다.

"이거 이래 타치하면 되나요? 이걸로 보통 뭐 하나요?"

"인터넷 서핑하고 유튜브 보고 그런 거에 쓰지. 근데 여기서는 인터넷 안 돼서 못 쓰고 있어."

"인터넷 서핑이 망유람 한다는 말이지요? 유튜브는 먼지 모르가시오."

"그거 있잖아. 동영상 검색해서 보는 거⋯⋯."

"집에서는 인터네트 안 돼도 학교에서는 돼요. 외국인들은 정보통신기술판매소 가면 인터네트 쓸 수 있다 글더라구요."

역시 아이들끼리는 잘 통한다. 예리는 슬기가 생각하는 바를 정확히 '타치'해주고 있다. 남녘에서는 틈만 나면 '타치폰'이나 '판형 콤퓨터'에 매달려 '망유람'을 하다가 이곳에서는 전혀 할 수 없으니 금단 현상이 나타날 법도 한 시점이다. 우리 나이 또래는 메일과 학교 포털을 통해 쏟아져 들어오는 일에서 벗어나 해방감을 느끼고 있지만 슬기 또래의 아이들은 세상과 더 소통하고 싶어 한다. '망'은 세상의 모든 곳을 연결해주는 통로가 되기도 하지만 한편으로 '그물'이 되어 물고기뿐만 아니라 사람을 옭죄기도 한다는 생각을 지울 수 없다.

그런데 또 하나 귀에 들어오는 말이 있다. 외국인? 심각하게 생각해보지 않은 문제가 예리의 한마디에 머릿속을 어지럽게 한다. 이곳에서 나는 외국인인가? 녹색 표지의 여권을 들고 이곳에 왔으니 당연히 외국인이다. 남과 북이 하나였을 때 살아본 경험이 없으니 더더욱 그렇다. 하지만 왠지 마음 한구석에서는 '외국인'이라는 말을 거부하고 싶기도 하다. 왜? 말 때문이다. 같은 말을 쓰는 사람들이 사는 땅에 들어와 있자니 외국이 아닌 같은 나라의 다른 지역에 온 듯한 느낌을 지울 수가 없다. 내 느낌과 상관없이 우리의 피시방에 해당되는 정보통신기술판매소에 여권을 내밀면 나는 자유롭게 컴퓨터와 인터넷을 이용할 수 있다.

법적으로는 외국인이되 외국인이 아니라는 감정은 남과 북의 언어를 대하는 모든 이들이 갖는 것이다. 외국 땅에 이방인으로서 가게 되면 그곳의 말은 당연히 다를 것이라고 생각한다. '사과'를 영국에 가면 '애플apple'이라고 하고, 일본에 가면 '링고リンゴ'라고 하고, 중국에 가면 '핑궈苹果[pingguo]'라고 하는데 그러려니 하고 받아들이며 익히려 노력한다. 그런데 북녘에 와서 '닝금'이나 '사괴'라는 말을 들으면 이상해하거나 우스워한다. 서로 통할 수 있는 말인데다, 우리도 읽을 수 있는 한글로 쓰니 '다른 말'이 아닌 '우리말'로 여기기 때문이다. '닝금'은 '능금林檎'과, '사괴'는 '사과'와 뿌리는 같되 조금 다른 말일 뿐인데 이상하다거나 웃기다고 여긴다.

아예 다르면 다른 대로 받아들이는데 조금 다르면 오히려 거부감을 갖는다. '조금 다른 것'은 '많이 같은 것'인데 '많이'보다는 '조금'에 시선을 고정한다. 본래 한 뿌리였으니 같아야 한다는 믿음을 가지는 것은 좋으나, 같지 않을 수도 있는 것에 대해 같아야 한다고 우겨서는 안 된다. 그리고 당연히 '나와' '같아야' 한다고 믿는 것도 문제다. 새로 생긴 말이니 '인터넷 서핑'이든 '망유람'이든 낯설기는 매한가지다. 영어에 익숙한 사람은 '인터넷 서핑'이 편하겠지만 우리말에 익숙한 사람은 '망유람'이 이해가 더 잘 된다. 그저 서로의 사정에 따라 '인터넷 서핑'과 '망유람'을 쓰고 있는 것일 뿐이다. 이런 문제 또한 낯선 곳을 유람하는 사람의 눈과 마음으로 받아들이고 이해하면 되는 것이다. 완전한 이국 땅은 아니지만 그렇다고 모든 것이 나와 같아야 하고 내게 익숙해야 하는 우리 땅도 아니다.

"이 막대기억기에는 뭐가 들어 이시오? 내 좀 보자요. 알판은 어디에 넣나요?"

"막대기억기? 유에스비 아니고? 알판은 시디? 디브이디?"

"유에스비, 시디, 디브이디 이리 말하면 잘 알리나요? 저한테는 잘 안 알레요."

"그냥 쓰다보면 익숙해지는 거지. 수업시간에 유에스비의 뜻을 배우긴 했는데 나도 뭔지 잘 몰라."

2000년대 대중 상품으로 등장한 록화기(비디오)는 북녘 주민들의 문화생활을 한 단계 끌어올렸다. 한국영화 시청 붐이 일면서 알판을 사용하는 록화기 수요가 증가했다. 주민들은 가정에서 한국영화가 담긴 CD를 록화기에 끼워 보면서 스트레스를 해소했다. CD는 원 모양의 알처럼 생겼다고 하여 '알판'으로 불렸다. 빈 알판은 중국에서 밀수되어 내륙지역으로 유통되었다. 이 빈 알판에 영화를 비롯한 드라마를 복사한 것이 암시장에서 팔려나갔다. 프린터는 인쇄기라고 부른다. 개인이 가정에서 프린터를 소지할 경우 보위부의 등록 절차를 거쳐야 한다. 현재 프린터는 개인 사진사들이 사진 현상 기구로 사용한다.

— 기술 용어 —

'막대'니 '알판'이니 하는 말을 남녘 사람들이 들으면 열에 아홉은 웃음부터 터뜨릴 듯하다. 이런 '촌스런' 단어가 최첨단을 달리는 컴퓨터 용어로는 적당해 보이지 않기도 하다. 우리가 흔히 USB, CD, DVD라고 쓰는 것은 영어로 된 이름의 첫 글자만 딴 것들이다. 각각 유니버설 시리얼 버스Universal Serial Bus, 콤팩트 디스크Compact Disc, 디지털 버서타일 디스크Digital Versatile Disc가 본말이란 것을 알더라도 그 뜻이 무엇인지는 잘 모른다. USB는 컴퓨터 주변장치를 연결하기 위한 단자를 가리키니 '유에스비'라고 하면 안 되고 '유에스비 메모리'라고 해야 정확한 표현이겠지만 막대 모양의 저장장치가 많이 쓰이다보니 그냥 이렇게 굳어져버렸다.

촌스러움, 세련됨, 복잡함, 어려움에 대한 판단은 저마다 다르겠지만 어차피 어휘는 자연스럽게 익히면 되는 것이다. 슬기가 처음부터 막대기억기로 알았다면, 반대로 예리가 유에스비로 알았다면 그것이 자연스럽다고 느껴지고 다른 이름은 이상하게 느껴질 수밖에 없다. 그러나 익숙함의 굴레를 벗어나면 이것도 아무런 문제가 아니다. 언어 학습에서 가장 쉬운 것이 어휘 학습이다. 우리 뇌의 저장 공간은 '유에스비' 옆에 '막대기억기'를 함께 두기에 충분하다. 일상에서 많이 쓰면 자연스럽게 기억되고, 더 많이 접하게 되는 것으로 의식하지 못하는 사이 대체되기도 한다. 물 흐르듯이 말이다.

콤퓨터를 기동해서 흘림띠를 이리저리 끌어가며 기억기의 등록부를 뒤지면 거대한 자료기지가 있는데 그것을 각종 프로그람 기술을 활용해 처리하면 된다. 다시 말해, 컴퓨터를 부팅시켜 스크롤

바를 이리저리 드래그하며 메모리의 디렉토리를 뒤지면 거대한 데이터베이스가 있는데 그것을 각종 소프트웨어를 활용해 처리하면 된다. 하드웨어라 표현하든 장치기술이라 표현하든 컴퓨터의 구성과 그것의 작동 및 활용은 같다. 우리의 언어회로 역시 마찬가지다. 남녘 사람과 북녘 사람의 하드웨어는 크게 다르지 않다. 프로그램 기술의 근본인 문자를 같이 쓰고 있으며 말의 99퍼센트가 같다. 그저 1퍼센트에 해당하는 어휘와 표현만 다를 뿐이다. 조금 다른 그것을 저장하기에 충분한 공간이 메모리, 혹은 기억기에 남아 있다.

"이 메모리에 좋은 거 들어 잇나요? 노래나 춤 이런 거 말이야요."

"그런 건 없는데. 노래는 스트리밍으로 들었고, 뮤비는 유튜브로 봐서……."

"……."

예리가 막대기억기나 알판에 관심을 두는 이유는 바로 '케이팝' 때문이다. 단속을 하고 있지만 알판과 막대기억기를 통해 꽤나 널리 퍼져 있는 상황인 듯하다. 슬기가 알아듣지 못하는 예리의 대답이 오히려 다행스럽게 느껴진다. 예리는 더 이상 묻지 않았고, 슬기는 케이팝 불법 전파의 책임에서 벗어날 수 있게 되었다. '땅 유람'이든 '망유람'이든 마음대로 할 수 있는 세상이 오면 자연스럽게 해결될 일들이다. 그때가 되면 '스트리밍'이니 '뮤비'니 하는 것도 어렵지 않게 알아들을 수 있을 것이다.

"언니 이 탁상화면에 있는 거 두 번 누르기 하면 되는 거야요? 이건 뭔가요? 조선글은 조선글인데 글자가 삘나요."

"마우스로 더블클릭해 봐. 그건 워드프로세서야."

"언니 긴데 이거 건반이 왜 이래요? 자꾸 다른 글자가 찍혀요 신경질 나게스리."

"건반은 도레미파솔라시도 아냐? 건반이 달라?"

"우린 도레미화쏠라씨도야요. 엉뚱한 소리 말라요. 그 건반 말고 이 건반 말이에요. 지읏, 기윽, 이응, 니은, 시읏, 이래야 하는 거 아닌가요? 그런데 미음, 니은, 이응, 리을, 히읗이 찍혜요."

북녘의 자판을 주고 입력을 하라고 하면 남녘 사람들은 모두가 독수리가 될 수밖에 없다. 물론 반대의 경우도 마찬가지다. 남북 모두 초성과 종성을 구별하지 않는 두벌식이고, 자음이 자판의 왼쪽에, 그리고 모음이 오른쪽에 위치한다는 공통점은 있다. 하지만 자모의 배열 순서가 다르다. 남북의 표기 규정이 조금 다른 데다 자판을 배열하는 기준을 소리로 할 것인가 모양으로 할 것인가에 따라 달라진 것이다. 어느 자판이 더 합리적이고 과학적인가에 대한 평가는 할 수 있으나 보통 그러한 미세한 차이는 사람들의 입력 속도에 결정적인 영향을 미치지 않는다. 인구가 더 많은 남녘에 컴퓨터가 훨씬 더 많이 보급되어 있다. 상대적으로 북녘에는 컴퓨터 보급률도 낮고, 실물 키보드가 아닌 종이에 그린 것으로 자판 연습을 하기도 한다. 자판의 통일, 혹은 표준화를 해야 한다면 이러한 사정이 고려될 수 있을 것이다.

안 그래도 예리가 어떻게 반응할지 궁금했던 문제다. 남녘과 북녘의 컴퓨터 자판이 다른 것에 대한 해결책 논의는 이미 1996년부터 시작되었다. 같은 한글을 쓰면서 그것을 입력할 때 쓰는 자판 배열이 다르면 누구나 문제라고 느낄 법하다. 쓰는 사람도 헷갈리겠지만 표준이 정해져 있지 않으면 만드는 사람들에게도 문제가 된다. 사실 자판의 배열에 관한 문제는 한글 타자기가 보급되기 시작하면서부터 불거진 아주 오래된 문제다. 우리의 눈에는 불규칙하기 이를 데 없어 보이는 영어 자판 배열도 '쿼티QWERTY'와 '드보락Dvorak'이 아직까지 세력다툼을 벌이고 있으니 비단 우리에게만 국한된 문제도 아니다. 이에 대해 여러 차례 이야기할 기회가 있었는데 아이들의 생각이 궁금해서 끼어들어본다.

"예리야, 어느 쪽이 편할 것 같니?"

"당연히 쓰던 거 쓰는 게 좋지 않가시오. 이거 하나 배우는 데도 시간 많이 잡아먹어시오."

"슬기야, 그럼 통일이 되면 자판도 통일해야 할 텐데 어느 쪽으로 통일해야 할까?"

"글쎄, 난 다른 자판 쓰라고 하면 불편할 것 같은데……."

당연히 자신에게 익숙한 것을 계속 쓸 수 있길 바랄 것이다. 자판을 통일해야 한다면 결국 남과 북 어느 한쪽의 것을 표준으로 정하든가 협의를 통해 새로운 자판을 만들어야 한다. 어느 한쪽의 것을 택하자면 각 자판의 역사, 입력의 효율성, 사용자 수 등 여러 요소를 고려할 수 있다. 이 과정에서 치열한 물밑싸움이 벌어질 테고 그 결과에 따른 반발이 클 것이 틀림없다. 적어도 무조건 '나'에게 익숙한 쪽을 고집하지 않기만을 바랄 뿐이다.

"아빠, 그런데 이거 자판 꼭 통일해야 돼? 그냥 알아서 선택해서 쓰면 안 돼?"

"그래도 표준은 있어야 하지 않을까? 그래야 가르칠 때도 편하고, 키보드 만드는 회사도 표준화할 수 있고."

"스마트폰 어플처럼 입력 방법을 마음대로 선택하게 하면 안 돼? 우리 워드프로세서에서 자판 선택하는 방법도 아빠가 가르쳐줬잖아."

"그러니까 하드웨어는 같게 하고 소프트웨어로 해결하라고?"

아이한테 한 방 맞았다. 자판 통일 방법에 대해 나름대로 역사, 효율성, 사용자 수 등의 합리적인 기준을 제시했다고 믿었는데 아이가 그것을 단박에 뒤집어버린다. 하드웨어에 집착하며 단단하게 굳어져가는 '꼰대'와 소프트웨어에 익숙해져 말랑말랑하게 생각하는 '요즘 세대' 사이의 완연한 차이가 느껴지는 순간이다. 거창하게 '장치 기술'로 해결해야 한다고 믿는 사람과 간단하게 '프로그램 기술'로 처리할 수 있다고 믿는 사람의 차이이기도 하다.

슬기의 말이 맞다. 손가락의 움직임에 반응하는 키보드만 있으면 각각의 키가 어떤 문자를 가리키게 할 것인지는 소프트웨어로 얼마든지 해결할 수 있다. 타자기 자판 배열을 둘러싼 오랜 논쟁도 이런 식으로 해결됐다. 2벌식, 3벌식, 4벌식, 5벌식 등 온갖 타자기가 만들어져 춘추전국시대를 방불케 했던 때가 있었지만 컴퓨터가 보급되면서 이 싸움은 순식간에 자취를 감췄다. 자음과 모음으로만 나눠져 외우기 쉬운 2벌식으로 그저 치기만 하면 나머지는 컴퓨터가 알아서 해주니 의미 없는 싸움이 되었던 것이다. 타자기는 장치 기술의 전형이고 컴퓨터는 프로그램 기술의 전형이다.

타자기를 아는 세대는 찍힐 글자가 선명히 각인된 자판을 원한다. 반대로 스마트폰에 익숙한 세대는 원하는 자판을 마음대로 불러다 쓴다. 머잖아 이들 세대는 100개 넘는 키가 다닥다닥 붙어 있는 키보드를 버리고 화면상의 키보드나 빛으로 만들어진 키보드를 쓰게 될 것이다. 이 시대가 되면 키보드를 둘러싼 논쟁들도 의미 없는 것이 될 수밖에 없다. 결국 키보드도 '통일'이 아닌 '통용'으로 해결을 모색해야 한다. 인위적으로 통일하기보다는 자유롭게 통용할 수 있게 하면 그 과정에서 자연스럽게 '표준'이 자리를 잡는다.

말도 그렇다. 통일을 전면에 내세우기보다는 모든 것을 포용하여 통용 속에서 소통이 이루어지게 하면 그 과정에서 '표준'이 자리 잡을 수 있다. 살아온 세월보다 살아갈 세월이 더 적은 장치 기술 세대는 조급증이 앞선다. 그러나 살아갈 날이 훨씬 더 많은 프로그램 기술 세대는 여유를 보여준다. 미래는 미래의 주인들에게 맡겨 자연스럽게 가꾸어가도록 하는 것이 옳다. 오늘도 미래의 주인에게 한 가지 배웠다.

방언

지새지 말아다오 이 땅의 말아

"텔레비죤, 텔레비지온, 텔레비디온, 텔레비돈……."

"슬기야, 혼자 뭐해? 텔레비전은 왜?"

"엄마, 여기 사람들 텔레비전 발음 이상하지 않아?"

"텔레비전을 텔레비죤이나, 뗄레비죤라고 하는 거? 그거야 뭐 영어 발음을 조금 다르게 받아들인 거겠지."

"아니, 그건 아는데 '죤' 발음 말이야. 여기 사람들은 '지온'이나 '디온'으로 발음하는 거 같거든. 근데 나는 따라해보면 그냥 '죤'이 되거든."

"아빠한테 여쭤봐. 자칭 평안도말 전문가잖아."

멍하니 앉아 있다가 모녀의 대화 속으로 갑자기 호출됐다. 슬기가 심심하긴 심심했나보다. 재미없다고 눈길도 주지 않던 텔레비전을 보고 있다. 스위치만 켜면 수십 수백 개의 채널을 선택할 수 있고, 마음만 먹으면 얼마든지 지난 프로그램도 몰아서 볼 수 있는 환경에 있었으니 슬기가 이곳에 와서 텔레비전을 처음 켰을 때는 적잖이 실망한 눈치였다. 채널은 단 세 개, 방송시간도 제한돼 있어 낮 시간에는 방송이 나오지 않는다. 방송이 나오는 저녁 시간에도 볼 수 있는 것이 많지 않다. 좋아하는 걸그룹 레드벨벳은커녕 그 비슷한 것도 나오지 않으니 말이다.

　　북녘에는 1970년대까지 텔레비전을 소유한 가정이 드물었다. 국가에서 간부나 특별 공로자에게 선물로 공급한 '삼지연' '평양' '보천보' '목란'이라는 상표가 붙은 텔레비전이 있었을 뿐이다. 1980년대 들어서면서 '대동강'이라는 텔레비전이 공장 기업소 혁신자들에게 유료로 공급되었다. '대동강'은 구소련에서 부품들을 들여다 조립·생산한 것이다. 또 일본에서 대량 수입한 히타치 텔레비전을 '소나무'로 이름을 바꾸어 간부들에게 공급하기도 했다. 1990년대 이후 장사로 돈을 번 주민들은 시장에서 판매되는 일본산 '도시바'나 '히타치' 등의 중고품을 구매해 집에서 텔레비전을 시청했다. 텔레비전은 안테나로 수신하는데 금속 안테나를 지붕 위에 설치하거나 30미터 이상의 통나무 끝에 못으로 고정해 마당에 설치한다. 지금은 태양전지로 충전해 '얇은 텔레비전'이라 부르기도 하는 액정 텔레비전을 보기도 한다. 영상 재생기인 '노트텔'로 텔레비전을 시청하기도 하는데 이 기기는 전기 사용량이 적어서 '손전지'로도 시청이 가능해 서민들에게 인기다.

　　그런데 우연히 뉴스를 보다가 발음에 말 그대로 꽂혔다. 남과 북의 외래어 표기법이 다르니 '텔레비전'을 '텔레비죤'으로 쓰는 것은 무심히 넘겼는데 '죤'의 발음이 귀에 들어온 것이다. 'juice'나 'vision' 등의 영어 단어를 한글로 적을 때 많은 사람들이 '쥬스'와 '비젼'으로 적고 싶은 충동을 느낀다. 실제 발음을 들어봐도 그렇지만 왠지 이렇게 적어야 더 외래어처럼 느껴지기도 한다. 그러나 규정에 따르면 '주스'와 '비전'으로 적어야 한다.

영어를 잘 아는 사람은 불만을 가질 수도 있겠지만 '쥬'와 '져'를 발음해보면 안다. 표기 속에 있는 'ㅠ'나 'ㅕ'를 살려서 발음하고 싶더라도 자연스럽게 발음하면 결국 '주'와 '저'가 된다. '쟈, 져, 죠, 쥬'와 '챠, 쳐, 쵸, 츄' 등도 모두 마찬가지다. 'ㅈ'과 'ㅊ' 뒤의 'ㅑ, ㅕ, ㅛ, ㅠ'는 결국 'ㅏ, ㅓ, ㅗ, ㅜ'가 되니 표기도 그에 따르도록 한 것이다. 사실 외래어뿐만이 아니다. 우리는 '가져라'라고 쓰고 [가저라]로 발음하며, '다쳐서'라고 쓰고 [다처서]라고 발음한다.

우리의 외래어 표기 규정에 불만을 가질 만한 사람들이 또 있다. 바로 평안도 사람들이다. 평안도 사람들은 '쥬스'와 '주스', 그리고 '비젼'과 '비전'을 명확하게 구별해서 발음한다. 다른 외래어에서도 'ㅈ, ㅊ, ㅉ' 뒤의 'ㅑ, ㅕ, ㅛ, ㅠ'가 모두 본래의 소리대로 발음된다. 즉 북녘에서는 '텔레비죤'이라 쓰고 '존'이 아닌 '죤'으로 발음하는 것이다.

어떻게 이것이 가능한 것일까? 그 비밀은 평안도 사람들의 'ㅈ, ㅊ, ㅉ' 발음에 있다. 다른 지역 사람들은 이 자음을 발음할 때 혀를 입천장의 딱딱한 곳에 댄다. 그런데 평안도 사람들은 혀를 이와 잇몸의 경계 부분에 댄다. 미세한 차이일 수도 있고, 언뜻 들으면 구별이 안 되기도 하지만 몇 번 발음해보면 그 차이를 느낄 수 있다. 혀를 이와 잇몸의 경계에 대고 '자'와 '쟈'를 발음해보면 신기하게도 두 소리를 구별해서 낼 수 있음을 알게 된다.

그러면 왜 평안도 사람들만 이렇게 '이상한' 발음을 하는 것일까? 우선 '이상한'이란 표현부터 바꿔야 한다. 세종대왕 시절의 'ㅈ' 발음은 오늘날 평안도 사람들의 발음과 같았다. 그러다가 차차 다른 지역에서 'ㅈ'의 발음이 바뀌기 시작했는데, 평안도와 함경도 일부 지역만 바뀌지 않았다. 과거에는 모든 지역에서 동일하게 발음하던 것이 다수 지역에서 발음이 바뀌고 일부 지역에만 그대로 남아 있으니 이상하게 느껴지는 것이다. 따져보면 '이상한' 발음이 아니라 '원조의' 혹은 '정통의' 발음인 것이다.

평안도 사람들의 'ㅈ'은 'ㄷ'과 같은 위치에서 발음되기 때문에 얼핏 들으면 'ㅈ'이 'ㄷ'처럼 들릴 수도 있다. 그래서 '종소리'가 '동소리'로 들리기도 하고 '총소리'가 '통소리'로 들리기도 한다. 그러나 'ㅈ'과 'ㄷ'은 소리를 내는 방법이 엄연히 다르기 때문에 위에서 말한 것처럼 엉뚱한 소리로 들을 일은 많지 않다. 다만 귀가 밝은 사람이나 말소리에 민감한 사람들이 평안도의 'ㅈ' 발음이 조금 다르다고 느끼는 정도다. 그런데 이걸 어떻게 설명해야 할까? '치조음'이니 '경구개음'이니 하는 전문용어를 쓰지 않고 해야 하니 만만치 않지만 그래도 귀가 밝은 슬기를 위해 설명을 해줘야 한다.

"슬기야, 우리랑 발음이 다른 게 느껴져?"

"응. 혀를 좀 앞쪽에다 대고 발음하면 나도 비슷하게 되는 거 같아."

"그래, 맞아. 여기 사람들은 그렇게 발음해. 그런데 이상한 거는 아니지 않아? 그냥 다른 거지?

"응. 그냥 다른 걸로……."

"근데 'ㅈ'이나 'ㅊ' 발음 말고 다른 건 못 느꼈어? 여기 사람들 천장은 뭐라고 발음해?"

"턴당? 그렇게 들었던 것 같아. 턴반이라고 하는 사람들도 있구."

"구렇디? 요기 사람들은 천장이라 하디 아이 하구 턴당이라 하디?"

"아빠, 그만. 개그맨 말고 그냥 국어선생이나 해. 재미없어."

귀가 예민하지 않더라도 평안도 사람들의 발음에서 가장 먼저 귀에 들리는 것은 'ㅈ'을 써야 할 자리에 'ㄷ'을 쓰는 것이다. '그렇지'나 '하지'라고 해야 할 것을 '그렇디'와 '하디'라고 하니 바로 포착이 된다. '천장'도 '턴당'이라고 하니 달라도 많이 다르다. 이것도 사실은 이상한 것이 아니라 과거의 발음을 그대로 유지하고 있는 것일 뿐이다. 세종대왕 시절에 '그렇디'와 '하디'라고 했던 것을 평안도에서는 지금도 그대로 하고 있는 것이다. '천장'도 과거에는 '텬댱'이었는데 이것을 '턴당'이라고 하고 있는 것이다.

다른 지역에서는 'ㅈ, ㅊ, ㅉ'의 발음이 바뀌고 '댜, 뎌, 됴, 듀'도 '자, 저, 조, 주'로 바뀌었는데 왜 평안도에서는 바뀌지 않은 것일까? 말의 변화는 결과를 보고 이야기는 할 수 있지만 예측하기도 어렵고 강요하기도 어렵다. 'ㅈ'과 같은 소리는 지금의 우리가 소리를 내는 위치에서 내는 것이 가장 편하다. 그래서 이 소리를 가진 많은 언어들이 우리와 유사한 위치에서 소리를 낸다. 그렇다고 꼭 그래야 하는 것은 아니다. 중국어에도 'ㅈ'과 유사한 소리가 있는데 평안도 사람들처럼, 혹은 과거 우리 선조들처럼 발음한다. 상황이 이러하니 반드시 어디서 소리가 나야 한다고 정할 수도 없고 그렇게 변화해야 한다고 말할 수도 없다.

'디'와 '텬댱'도 마찬가지다. 발음을 해보면 '디'보다는 '지'가 혀의 움직임이 적어 발음하기 쉽다. 그렇더라도 '지'가 조금 쉬운 것일 뿐 '디'를 발음하는 것이 특별히 어려운 것은 아니다. '텬댱'도 '천장'이나 '턴당'에 비해 발음이 조금 어려울 뿐 발음하지 못할 이유는 없다. 다만 발음기관의 움직임을 최소화하기 위해서 '천장'이나 '턴당'으로 발음하고 있을 뿐이다. 자연 상태로 두면 발음하기 쉬운 쪽으로 바뀌는 것이 일반적이지만 반드시 그렇게 되어야 하는 것은 아니다. 결국은 '다른' 것일 뿐 '이상한' 것은 아니다. 다른 것을 다르다고 인정하면 될 것을 이상하다 혹은 틀렸다 하면 그때부터 문제가 된다.

말소리를 모음과 자음으로 나누어 살피면 모음은 지역에 따라 차이가 크게 난다. 경상도에서는 6개의 모음만 구별하는데 전라북도에서는 10개의 모음을 모두 구별한다. 구별하는 모음의 숫자뿐만 아니라 발음하는 방법도 조금씩 다르다. 그런데 자음은 지역에 따른 차이가 거의 없다. 경상도 일부 지역에서 'ㅆ'을 발음하지 못하는 것을 빼면 전국적으로 차이가 거의 발견되지 않는다.

이런 이유로 북녘의 말, 특히 평안도의 말이 남녘의 말과 다르다는 느낌을 많이 받게 된다. 'ㅈ, ㅊ, ㅉ'의 발음은 귀를 기울여 들으면 차이가 느껴진다. 이것보다도 남녘에서는 'ㅈ, ㅊ, ㅉ'으로 나타나는 것이 북녘에서는 'ㄷ, ㅌ, ㄸ'으로 나타나니 그 차이가 크게 느껴진다. 평안도말을 흉내낼 때 '덩거당에 던깃불이 번떡번떡 한다'라는 문장이 늘 등장하는데, 잘 모르는 사람들은 'ㅈ, ㅊ, ㅉ'을 모두 'ㄷ, ㅌ, ㄸ'으로 바꾸면 평안도말이 되는 줄 알기도 한다.

"아버지, 구렇디는 또 머인가요? 우정 그리 말하는 거야요?"

"슬기야, 니가 아빠보다 훨씬 낫다. 엄마 귀에는 예리 말투랑 똑같이 들리는데?"

"오마니, 그리 말씀하시디 말라요. 내래 예리보다 더 낫디 않나요?"

"그래, 아빠가 보기엔 꼭 평양소녀처럼 보인다. 그런데 평양말 어데서 배웠?"

"텔레비죤 극 보구 배웠디요. 야듧시 반 일기예보 끝나면 아홉시부터 텔레비죤 연속극 하디 않아요?"

슬기가 이곳 생활에 슬슬 적응을 해가는 것일까? 처음 몇 주는 심심하다고 볼이 부어 있었는데 지금은 어떻게든 재미를 찾아가려고 노력하는 것이 보인다. 마음을 열 만한 친구들이 없으니 귀를 먼저 열었다. '그렇지'가 아닌 '구렇디'가 들리는 것도 그렇고 '일부러'를 쓸 자리에 같은 뜻의 '우정'을 일부러 넣어 말하는 것도 그렇다. 그냥 흘려들으면 놓치기 쉬운 '야듧'을 잡아내기도 한다.

평안도 사람들의 말을 들을 때는 '오'와 '어'가 늘 헷갈린다. '어머니'와 '오마니'는 '어'와 '오'뿐만 아니라 '머'와 '마'도 다르니 어느 정도 구별이 된다. 그러나 '도시락'은 '더시락'처럼 들리기도 한다. 경상도 사람들이 '어'와 '으'를 잘 구별하지 못하는 것과 비슷한 것이다.

　'으'와 '우'도 마찬가지다. 예리 아빠가 자신을 소개할 때 귀로 들어오는 소리는 '조는 구림을 구리는 리총지라고 합니다'인데 이것을 '저는 그림을 그리는 이청지라고 합니다'로 바꿔 들어야 한다. '어'와 '오'가 가까워진 것뿐만 아니라 '으'와 '우'도 매우 가까워져 있다. 방언을 연구하는 사람들에게는 이러한 차이가 어휘의 차이보다 훨씬 더 크게 느껴진다. 이러한 발음상의 차이는 마치 지문과 같아서 잘 지워지지 않는다.

　　'ㅈ'이나 'ㅊ' 계열의 발음 차이는 미세한 차이이기 때문에 말소리에 관심을 가지지 않는 사람이라면 그 차이를 포착하기 어렵다. 경상도 일부에서는 'ㅅ'과 'ㅆ'을 구별하지 못하는데 이는 결국 'ㅆ'이 없는 것과 마찬가지다. 이렇게 자음의 숫자가 부족하면 금세 티가 나지만 'ㅈ'과 'ㅊ' 계열은 발음이 조금 다를 뿐 숫자가 부족한 것은 아니므로 표가 잘 안 나는 편이다.

　　평안도 사람들이 '오'와 '어', 그리고 '으'와 '우'를 구별하지 못하는 것은 결국 모음의 숫자가 부족한 것이어서 금세 티가 난다. 그럼에도 해당 지역 사람들은 자신들이 각각의 모음을 구별한다고 말하기도 한다. 평안도 사람들도 '정선' '정손' '종손' '종선'이라는 이름을 모두 구별할 수 있다고 주장하고, 실제로 구별하고 있는 듯이 보이기도 하지만 다른 지역 사람들의 귀에는 '정선'인지 '종손'인지 헷갈릴 따름이다.

고요한 강물 우에 불빛이 흐르네

못 잊을 추억을 안고 내 마음 설레네

끝없이 걷고 싶어라 내 사랑 평양의 밤아

지새지 말아다오 아름다운 평양의 밤아

텔레비죤에서 〈지새지 말아다오 평양의 밤아〉가 흘러나온다. 이 노래는 지금이 밤 10시이고 곧 방송이 끝난다는 알림이다. 창법도 다르고 가사도 별로 와닿지 않는지 슬기는 이 노래만 나오면 바로 막대기의 단추를 누른다. 리모컨을 뭐라 할까 궁금해했더니 그냥 '막대기'란다. 물론 텔레비죤 막대기라고 해서 다른 막대기와 구별한다. 막대기의 단추를 누르기 전에 슬기에게 노래를 들어보라고 한다. '뜻'으로 듣지 말고 '소리'로 들어보라고 한다.

"소리로 들어보니 뭐가 들려?"

"'지새디'가 아니라 '지새지'네. '강물 위에'가 아니라 '강물 우에'고."

"그거 말고 다른 건? '에'하고 '애' 발음은 어때?"

"슬기도 재미없는 방언학자 만들라구요? 애 잘 시간이에요."

하긴 아이한테 너무 과한 것을 요구한 듯하기도 하다. 평안도 사람들 대부분이 말은 '그렇디'와 '하디'라고 하지만 쓸 때는 '그렇지'와 '하지'로 쓴다. 그리고 공식적으로 말을 할 때나 노랫말을 쓸 때도 '디'가 아닌 '지'를 쓴다. 남녘에서 '그러기두 했어여'라고 말하면서 쓸 때는 '그러기도 했어요'라고 하는 것과 마찬가지다.

❚ 평양 고려호텔 야경

© Nicor

슬기가 노래 속에서 발견했으면 했던 것은 '에'와 '애'의 발음이다. 글자가 다르면 소리도 달라야겠지만 오늘날 젊은 사람들은 '에'와 '애'를 구별하지 못한다. 사람의 이름을 물었을 때 '제석'이라고 대답하면 '저이석'인지 '자이석'인지 다시 물어야 할 정도이다. 이뿐만 아니라 '내가'와 '네가'가 소리로는 구별되지 않으니 '네가'는 '니가'로 말하기도 한다. 과거에는 구별되었던 것이 점점 구별이 안 되다가 완전히 구별되지 않기도 하는 것이다.

그런데 평안도 사람들은 '에'와 '애'를 명확하게 구별한다. 노래에서도 '흐르네' '설레네' 등을 들으면 '에' 발음이 또렷하다. 물론 '지새지'의 '애' 발음과도 다르다. 이곳에서는 '제석'과 '재석'이 헷갈릴 이유가 없다. '어'와 '오', 그리고 '으'와 '우'는 구별이 잘 안 되지만 '에'와 '애'는 또렷이 구별된다. 결국 이것도 지역에 따른 차이일 뿐이다.

"아빠 또 '내가'와 '네가' 얘기할라구 그러는 거지? 그걸 꼭 구별해야 해? 안 되면 그냥 '니가'로 쓰면 안 돼?"

"아니, 돼. 말만 통하면 되지 일부러 구별할 필요는 없지."

"근데 왜 들어보라구 했어? 구별 안 해도 된다며."

"몰라서 구별 못하는 것보다 알면서도 차별 안 하는 게 낫지 않아?"

"몰라, 어려워. 나 잘래."

슬기는 기억하지 못하지만 슬기가 한글을 깨치기 시작할 무렵 '게'와 '개'의 차이에 대해서 물은 일이 있다. 글씨는 다른데 왜 소리가 같냐고. 많은 부모가 착각하듯이 나도 이 녀석이 언어 천재인 줄 알았다. '에'와 '애'의 소리가 어떻게 다른지 알려주고 몇 번 연습을 시켰더니 기가 막히게 구별해서 발음했고, 남들이 하는 발음이 틀렸다고 잡아내기까지 했다. 그러나 또래들과 섞이면서부터 '에'와 '애' 소리를 구별하는 건 고사하고 그런 일이 있었는지 기억도 못하는 것이다.

그래도 슬기의 말이 더 맞다. 방언을 연구하다보면 늘 차이를 발견하려고 애쓴다. 기껏 먼 곳으로 조사를 갔는데 표준어와 똑같으면 뭐하러 왔나 하는 생각이 들기도 한다. 사람들도 그렇다. 어떤 방언에 대해 이야기하려 하면 자신의 말과 어떻게 다른가를 묻는다. 차이보다 공통점이 많다고 얘기하면 재미 없다고 하고, 차이가 많은 부분을 얘기해주면 좋아한다.

그런데 차이를 강조하다보면 어느새 차별로 이어진다. '다른 것'이 어느 순간 '틀린 것'으로 변질되어버린다. 표준어와 다른 것이 표준어 아닌 것으로 바뀌고 나아가 잘못된 것이 되기도 한다. 다른 것을 말하는 것이 어려운 이유다. 그래도 다른 것을 아는 것은 연구자의 임무다. 다른 것을 알아야 같은 것에 대해서 이야기할 수 있으니 말이다. 다른 것이 없어지면 방언 연구자들이 할 일도 없어진다. 모두가 표준, 혹은 서울말을 쓴다면 '방언'이란 말도 사라지게 될 테고, 방언 연구자도 사라질 것이니 말이다. 그러니 다른 것을 아는 데서 더 나아가 인정하고 보호하는 것까지가 방언 연구자의 몫이다.

〈지새지 말아다오 평양의 밤아〉는 1988년에 만들어진 노래이다. 남녘에서 서울올림픽이 한창일 무렵 북녘에서는 13차 세계청년학생축전을 열었다. 이 축전을 기념하기 위해 만든 노래가 이 노래인데 30년이 넘은 지금도 밤마다 나오며 사랑을 받고 있다. 그런데 아무리 생각해도 제목이 이해가 안 된다. 밤아 지새지 마라? 밤이 지새다? 도대체 무슨 말인가? '밤을 지새다'는 말이 되지만…….

특정 지역의 말이든, 과거의 말이든 마냥 사라져서는 안 되는 이유가 이에 대한 답을 제공한다. 요즘 사람들은 '지새다'를 '밤을 지새우다'의 뜻으로 사용하고 있지만 사전에 등재된 '지새다'의 첫 번째 뜻은 '달빛이 사라지면서 밤이 새다'이다. 결국 평양의 밤이 너무도 아름다워서 날이 밝지 않기를 바라는 마음이 담긴 제목인 것이다. '지새다'의 요즘 용법으로는 이해가 안 되지만 과거의 용법으로는 지극히 자연스러운 표현이다.

'평양의 밤'을 '평양의 말'로 대체해 〈지새지 말아다오 평양의 말아〉라고 말할 수 있을까? 오해를 사기에 충분한 문장이다. 편협한 생각을 가진 남녘 사람의 시각으로는 마치 평양의 말을 우위에 두어야 한다는 것으로 보일 수 있다. 반대로 평양말에 대한 자부심이 가득한 북녘 사람의 시각으로는 평양말이 사라지는 것을 기정사실화하는 것으로 보일 수도 있다.

어느 쪽도 아니다. 방언 연구자의 처지에서 보면 이 땅의 모든 말이 지새지 말아야 할 말이다. 통일을 바라보며 우리말의 미래를 고민하는 사람의 처지에서도 마찬가지다. 어떤 말이든 각기 다른 말로 존중을 받아야지, 틀린 말로 간주돼서는 안 된다. '평양의 말'을 '이 땅의 말'로 대체하면 더 나을 듯하다.

지새지 말아다오, 이 땅의 말아.

방송

'통로'를 열거나 '통로'를 바꾸거나

"겸재 선생, 구하는 거이 이게 맞습니까? 네 발 다 동원해서 구햇단 말입니다. 그런데 이 시커먼 판은 뭐에 쓰자 합니까?"

"아, 그거 맞습니다. 그런데 이 판을 여기서는 뭐라 하나요? 엘피 판? 레코드판?"

"한 선생님, 산에 호랑이가 없는데 호랑이란 말이 잇가시오?"

"아, 네. 이건 민요 음반이네요. 혹시 여기서 나온 클래식 음반은 없나요?"

"크라식은 또 뭡니까. 기딴 거 없시오. 그나저나 그건 어드렇게 들을랍니까? 스뻬카 련결한다고 바로 소리 나오는 거 아니디 않습니까?"

리청지 교수의 작업실을 찾아가니 리 교수가 30센티미터 내외의 네모반듯한 것을 하나 건넨다. 평양에 있는 동안 어떻게든 구해보고 싶었던 LP 음반이다. 처음에는 리 교수에게 설명하기도 어려웠다. 리 교수의 말마따나 호랑이가 있어야 호랑이란 말도 있을 텐데 이 물건은 북녘 땅에서는 퍽이나 드문가보다. 이름조차 없어서 그저 둥글고 검은 판, 음악을 들을 수 있는 판이라고 설명할 수밖에 없었다.

'조선레코드'와 'Korean Gramophone Record'가 선명하게 찍혀 있는데 둘을 연결 짓기가 쉽지 않다. '조선'과 'Korea' 때문이다. 한 반도의 사정을 잘 모르는 외국인이 이 음반을 접하면 어디서 나온 음반으로 생각할지 궁금하다. 사실 더 궁금한 것은 통일 이후의 나라 이름이다. 때가 되면 논의를 통해 어련히 잘 결정되겠지만 생각해보아야 할 문제가 한두 가지가 아니다. 여하튼 지금은 '한국'도 '조선'도 모두 'Korea'이다.

굳이 들어보려고 음반을 구한 것은 아니다. 그렇다고 LP판 수집벽이 있는 것도 아니다. 클래식 음악을 듣고 싶은데 어디서도 들을 수가 없어서 혹시 LP판으로는 들을 수 있을까 하여 부탁을 해본 것이다. 그러나 LP도 구하기 어렵고 클래식 음반은 거의 없는 듯하다. 하긴 LP를 구하더라도 턴테이블과 앰프를 구하는 것도 일이다.

북녘에서도 드물지만 전축으로 레코드판을 듣기도 한다. 그러나 대개는 록화기(비디오)에 알판(CD, DVD)을 넣어 듣거나, 록음기 라디오에 테이프를 넣어 듣는다. 요즘에는 엠피삼(MP3)에 레시바(이어폰)를 꽂아서 듣기도 하고, USB 메모리를 노트북에 꽂아 노래를 감상하기도 한다. 대개는 남녘 노래를 비롯한 불법 노래를 감상하는 수단으로 이용된다. 최근에는 손전화가 대중화되면서 남녘 노래가 담긴 칩을 꽂아 감상한다. 목란비데오회사에서 공식 제작한 알판을 출판물 보급소가 운영하는 판매소에서 구매해 록화기에 넣고 영상으로 노래를 감상하기도 한다. 2000년대 중반 계몽기 가요를 널리 부르도록 허용하면서 〈아침이슬〉 〈홀로 아리랑〉 〈바위섬〉 〈낙화유수〉 등이 알판으로 나왔다. 라디오와 텔레비전에서 나오는 노래는 늘 같은 곡이 반복적으로 나오기 때문에 잘 듣지 않는다.

"리 선생님, 그럼 여기서는 음악을 어떻게 듣습니까?"

"주로 엠피삼에 레시바 꽂아서 듣디요."

"하하, 엠피쓰리에 이어폰 꽂아서요? 그런데 왜 레시바를 많이 쓰는 거죠?"

"남이 들어서는 안 되는 노랠 들으니 기렇갓디요."

"남이 들어서는 안 되는 노래요? 어떤 노랜데요?"

"한번 들어보실랍니까?"

나는 '들어'보려 하는데 리 교수는 자꾸 '들어'보라고 말을 한다. 평안도말의 특징이 잘 드러나는 예다. '듣다'가 다른 지역에서는 '듣고, 듣지, 들어, 들어라'와 같이 불규칙하게 쓰이는데 평안도에서는 '듣고, 듣지, 듣어, 듣어라'와 같이 규칙적으로 쓰인다. 즉 다른 지역에서는 '듣다'가 불규칙활용을 하는 데 반해 평안도에서는 규칙활용을 하는 것이다. 불규칙활용을 하는 다른 예인 '짓다'와 '돕다'가 경상도에서 각각 '짓고, 짓지, 짓어, 짓어라'와 '돕고, 돕지, 돕아, 돕아라'처럼 규칙활용을 하는 것과 마찬가지다.

— 방송 —

얼굴은 브이라인

몸매는 에스라인

아주 그냥 죽여줘요

레시바를 귀에 꽂는 순간 귀를 의심할 수밖에 없었다. '샤방샤방'이 반복되더니 '아주 그냥 죽여줘요'로 끝이 난다. '아랫동네'의 박현빈이 부른 〈샤방샤방〉이다.

"'샤방샤방'의 뜻을 아세요?"

"거 우리말인데 왜 모르가시오. 느낌으로 알리디요."

"'브이라인' '에스라인'은요? '죽여준다'라는 말은요? 여기서도 이런 말 씁니까."

"한 선생님은 직업병은 속이지 못하가시오. 노래를 어디 가사로만 듣습니까? 노래는 흥이고 느낌 아닙니까? 그거면 다 통하디 않습니까?"

"그런데 남녘 노래 들으면 안 되잖아요."

"들으라구 귓구멍이 있는데 어카가시오. 열린 귀로 소리가 들어오구, 닫힌 흥이 열리는데 하는 수 이시오? 물은 막아도 우에서 아래로 흐릅니다."

충격이 꽤 크다. 예리가 슬기의 노트북 속에 저장되어 있을지 모를 동영상을 찾을 때만해도 그저 아이들의 호기심이겠거니 했다. 그런데 근엄하기 그지없는 리 교수가 〈샤방샤방〉을 들으며 어깨를 으쓱으쓱 하는 것이 아닌가? '열린 소리'와 '닫힌 흥'을 이야기하면서 운까지 맞추다니, 이 양반 혹시 남녁의 랩까지 듣는 것은 아닐까? 리 교수의 말이 맞다. 흐르는 물을 막을 방도가 없듯이 노래가 흘러가는 것도 막을 수 없다. 말 그대로 '유행가流行歌'가 아닌가?

"여기 와서 텔레비죤 좀 보십니까? 어떤 통로를 주로 보십니까?"

"통로가 뭡니까?"

"그거 잇디 않습니까. 평양통로, 만수대통로, 개성통로 이거."

"아, 채널을 통로라 하는군요. 생각해보니 말 되네요."

북녁의 텔레비전 채널로는 조선중앙텔레비죤(평양통로), 만수대텔레비죤(만수대통로), 교육텔레비죤(개성통로)이 있다. 조선중앙텔레비죤은 조선민주주의인민공화국의 조선중앙방송위원회가 운영하는 국영 텔레비전 방송국이다. 평양시 모란봉 구역에 있는 평양텔레비죤탑에서 평일 오후 5~10시에 전파를 내보낸다. 주말에는 오전 9시부터 오후 10시까지 방송한다. 정치 보도와 기록영화, 아동용 방송, 영화 등을 방영하고 생활상식을 소개한다. 만수대텔레비죤은 외국영화를 비롯한 다방면의 세계상식 문제 등을 주말에만 방영하고 있다. 2000년대 중반부터 만수대텔레비죤은 평양 시민들만 시청하도록 제한되었다. 개성통로로 불리는 개성텔레비죤은 대남 선전용 지방 텔레비전 방송으로서 조선중앙방송위원회 관장하에 운영되었다. 평양통로 내용을 기본으로 방송하면서 각종 기념일에는 종합 특집 프로그램을 제작하여 방영한다. 1997년 개성텔레비죤 방송을 폐지하고 교육문화 텔레비전 방송으로 신설했다고 밝혔다. 흔히 교육통로라고 불리며 만수대통로처럼 지방 주민들은 시청에서 제외된다.

통로? 채널? 말을 연구하는 것이 직업이니 남북의 말이 차이가 있더라도 웬만한 것은 추측이 가능한데 이 말은 한참 생각해야 했다. '포물선'을 '팔매선'이라고 부른다 해도 결국은 우리말에 뿌리를 두고 만들어진 말이니 뜻은 물론 어떻게 만들어진 것인지도 파악할 수 있다. 북녘에서는 한자어도 가능한 한 고유어로 풀어쓰려고 하니 한자와 고유어를 연결해보면 어림짐작이 가능한 것이다. 결국 귀에 턱턱 걸리는 것은 영어를 비롯한 외래어들이다. 특히 분단 이후 말을 받아들인 통로 혹은 채널의 차이 때문에 달라진 말들이 그렇다.

'엠피삼'과 '레시바'는 읽는 방법이나 발음의 차이이니 그나마 낫다. 남녘에서는 '이어폰'이라고 하는 것을 북녘에서는 '레시바'라고 하더라도 '리시버'의 조금 다른 표기이니 머릿속의 단어장을 이리저리 들춰보면 통한다. 그러나 남녘에서는 '미싱'이라 하고 북녘에서는 '마선'이라고 하는 재봉틀 같은 것들은 웬만한 지식이 없으면 이해하기 어렵다. '소잉 머신sewing machine'이 일본을 거쳐 우리 땅에 들어오는 과정에서 '미싱'이 되었다. 북녘에서는 러시아를 통해 이 말을 받아들이면서 '마선'이 되었다. '미싱'과 '마선'은 발음이 비슷하니 그래도 조금은 이해할 수 있다. 남녘에서 '소시지'라고 쓰고 '쏘세지'라고 읽는 것이 북녘에서는 '칼바싸' 혹은 '꼴바싸'다. 이런 말들은 따로 익히지 않으면 절대 알아 못 듣는다.

'채널'과 '통로'처럼 한쪽에서는 원어 그대로 쓰고 한쪽에서는 번역해서 쓰는 것들도 문제다. 영어사전을 찾아보면 '채널channel'의 첫 번째 뜻은 역시 방송의 채널을 뜻한다. 그런데 이 단어는 방송이 생기기 전부터 존재했고 이전에는 '통로'가 주된 뜻이었다. 지금도 이런 뜻으로 쓰이기도 한다. 남녘에서도 '다른 채널로 정보를 입수하다'나 '외교 채널을 통해 협상하다'와 같이 쓰지 않나. 그런데 북녘에서는 텔레비전 '채널'도 번역해서 '통로'라고 하니 이러한 맥락을 통하지 않으면 그 뜻을 알기 어렵다.

평양에는 세 개의 텔레비전 통로가 있다. 채널 수도 많지 않을 뿐만 아니라 주중에는 오후 5시부터 10시까지로 시간도 제한되어 있다. 수십 수백 개의 채널을 입맛에 따라 골라보다가 접하게 된 상황이니 답답하게 느껴지기는 한다.

"남쪽에는 통로가 몇 개나 됩니까? 많갓디요?"

"지상파는 다섯 갠데 케이블까지 하면 몇 갠지 셀 수 없을 정도입니다. 브이오디VOD 서비스 가입하면 거의 무한대로 콘텐츠를 이용할 수도 있습니다."

"지상파요? 땅에서 쏘는 전파라는 겁니까. 하늘에서 쏘는 전파는 위성이라 길디요? 브이오디는 또 머구, 콘텐츠는 죽으란 소린지 살란 소린지 하나두 알아 못 듣가시오. 우리말로 하시라요."

"우리말이요? 우리말은 우리말인데…….."

어쩌다보니 자랑 아닌 자랑이 돼버렸다. 그보다 더 큰 문제는 역시 알아 못 들을 말들이다. '지상파'는 그렇다 쳐도 '케이블' '브이오디' '서비스' '콘텐츠'는 리 교수 귀에는 다른 나라 말일 수밖에 없다. 이런 말들은 번역을 한다고 바로 이해가 되는 것도 아니다.

'케이블'은 '굵은 줄'로, '서비스'는 '봉사'나 '접대'로, '콘텐츠'는 '내용물'로 번역할 수 있지만 번역이 아무런 의미가 없다. 게다가 '브이오디'는 '주문형 비디오'란 뜻의 'video on demand'인데 줄임 말 이전의 온전한 말을 번역한다고 해도 역시 이해시키기 어렵다.

문제는 단어가 아니라 문화나 삶이다. 영어의 'channel'이 '통로' 라는 뜻을 거쳐 '방송 채널'로 더 많이 쓰이게 된 것은 라디오나 텔 레비전의 등장과 밀접한 관련이 있다. 방송이 우리 삶에서 중요한 역할을 하게 되면서부터 'channel'은 '통로'가 아닌 '채널'이 된 것 이다. 공중으로 날아다니던 전파가 지하나 지상에 설치한 전선인 '케이블'로 전송되면서 '케이블'은 '굵은 선'이 아닌 '케이블 텔레 비전'의 줄임말이 되었다. 방송국과 텔레비전이 케이블로 연결돼 쌍방향 통신이 가능해지니 다양한 '내용물'의 '주문형 비디오' '봉 사'가 시작된 것이다. 이러한 삶과 문화가 이해돼야 비로소 그 말도 이해가 된다.

생각이 여기까지 미치니 리 교수의 '우리말'이라는 표현을 되새 김질하게 된다. '우리말'은 '국어' 혹은 '한국어'를 가리키는 말로 써왔으니 아무렇지 않게 받아들일 수도 있겠지만 이 말 속의 '우리' 가 자꾸 마음에 걸린다. 리 교수도 '우리말'을 쓰고, 나도 '우리말' 을 쓴다. '우리'가 공통분모이니 리 교수와 나는 '우리'여야 한다. 그런데 의식 속에서는 얼마나 '우리'인가. 리 교수가 '우리말로 하 시라요'라고 볼멘소리로 말했을 때 리 교수와 나는 '우리'가 아니 다. 삶과 문화의 차이 때문에 남녘의 '우리말'을 북녘의 '우리말'로 설명하기를 포기한 순간에도 나와 리 교수는 '우리'가 아니다.

"어드렇든 여기 텔레비죤은 심심해서 잘 보게 안 되디요?"

"네, 저는 남녘에서도 운동 경기나 기록물들을 주로 봤는데 여기 통로는 그런 걸 별로 안 해주더라구요."

"단맛을 실컷 보다가 시구럽고 뻐데데한 맛만 보게 돼서 그런 건 아니구요?"

"스포츠나 다큐멘터리는 단맛보다는 시고 떫은 맛입니다."

"누가 아니랍니까. 그래도 단맛이 둏디요? 샤방샤방한 맛도 둏고."

"리 교수님같이 점잖은 분도 달고 샤방샤방한 것이 좋나요?"

"같은 값이면 분홍치마 아닙니까 허허."

'스포츠'와 '다큐멘터리'를 '운동 경기'나 '기록물'로 바꾸어 말하니 리 교수와 나는 다시 '우리'가 된다. '시고 떫은 맛' 대신 '시구럽고 뻐데데한 맛'을 거침없이 쓰는 것에서 '우리'가 다시 깨질 법도 하지만 리 교수의 기준에 이 말들은 '우리말'이다. 게다가 이 양반 특유의 비유적인 표현이니 봐줄 만하다. 그리고 은근슬쩍 내비치는 리 교수의 취향과 북녘 통로에 대한 아쉬움도 재미있다.

그런데 리 교수가 '단맛'이라고 표현하는 것은 무엇일까? 온통 단맛에 휩싸여 있을 때는 그것이 단맛인 줄 몰랐다. 텔레비죤 막대기를 쉴 새 없이 눌러가며 수많은 채널들 가운데서 선택하다가 단 세 개의 통로만 열려 있는 상황이 되자 비로소 단맛이 그리워진다. 갖가지 드라마와 예능 방송을 가족과 함께 깔깔대며 볼 수 있었기에 가끔씩 보는 스포츠와 다큐멘터리에서 색다른 맛을 느꼈다. 그런데 이곳에서 온통 시고 떫은 것만 접하다보니 단맛이 끌린다.

리 교수는 이런 단맛, 즉 샤방샤방한 맛에 맛을 들여가는 중인 듯하다. 리 교수 세대는 노사연의 〈만남〉과 최진희의 〈사랑의 미로〉를 들으며 몰래 따라 부르고, 젊은 세대는 소위 아이돌들의 노래 영상을 보고 듣는다. 왜 굳이 금지된 노래를 듣느냐는 물음에는 다음의 노래가 답을 해준다.

무엇이나 마음만 먹으면 프로그람에 따라 만드는
선군시대 기계공업의 자랑 우리식 CNC기술
CNC는 주체공업의 위력 CNC는 자력갱생의 본때
— 보천보 전자악단 노래 〈돌파하라 최첨단을〉

이 곡은 극히 최근에 만들어진, 빠르고 경쾌한 리듬을 타고 신나게 부를 수 있는 여러 모로 '최첨단'인 노래다. 가사에는 'VOD 서비스' 만큼이나 최첨단의 'CNC 기술'이 등장한다. CNC 기술이 무엇인지 아는 사람도 드물고 알아야 할 이유도 별로 없다. '컴퓨터 수치제어'를 뜻하는 'computer numerical control'의 줄임말인데 본말을 알아도 별로 도움이 되지 않는다. 그냥 컴퓨터로 제어해서 가공물을 깎고 뚫고 다듬는 기계 정도로 이해하면 된다.

이런 노래가 흥겨운 장단과 가락으로 잠시 어깨를 들썩이게 할수는 있을지 모르지만 오래도록 가슴에 여운을 남기지는 못한다. 노래 〈만남〉 속의 "우리 만남은 우연이 아니야 그것은 우리의 바램

이었어"는 극히 일상적인 말의 연쇄지만 잔잔한 감동을 가슴속에
남겨준다. 〈사랑의 미로〉의 끝자락 가사 "끝도 시작도 없이 아득한
사랑의 미로여" 역시 무언가 아득한 여운을 남긴다. 그러나 CNC
는 이러한 기술을 발휘하지 못한다.

　"통로가 열리면 어떨까요? 남녘의 통로가 열리면 어떨 것 같으
세요?"

　"그게 쉽게 되가시오. 통로가 열리게 위에서 결정하면 내래 춤을
추가시오."

　"이미 전파는 넘어오고 있습니다. 넘어오는 전파를 받지 않거나
못 받으니 문제지요."

　"남녘 통로 보자 하면 본산 텔레비죤 사고 안테나 달아달라 하시

디요. 한 선생님이야 남조선 사람이니 일 없디 않가시오?"

"그리는 안 할랍니다. 누구나 볼 수 있게 되면 그때 볼랍니다."

독일의 통일에 텔레비전이 큰 역할을 한 것은 잘 알려진 사실이다. 베를린의 장벽 따위는 전파가 넘나드는 데 아무런 장애가 되지 않았다. 동독과 서독 사람들은 통일 이전에도 양쪽의 텔레비전 프로그램을 모두 볼 수 있었고, 텔레비전을 통해 서로를 이해할 수 있었다. 그러나 안타깝게도 독일과 우리의 상황은 다르다. 당국의 엄격한 통제나 단속이 문제가 아니라 텔레비전의 송수신 방식이 문제다. 남녘은 미국식 송수신 방식이고 북녘은 유럽식 송수신 방식이다. 어느 한쪽 방식을 채택하여 만들어진 텔레비전으로는 다른 쪽 방송을 볼 수 없다.

통로를 열어라!

통일 이전에 무엇보다도 서둘러야 하는 일은 남과 북의 텔레비전 통로를 여는 일일 수 있다. 텔레비전 송수신 방식이 다르다는 기술적인 문제는 마음만 먹으면 해소 가능하다. 북녘 사람들이 남녘의 방송을 볼 수 있도록 하고자 하면 위성으로 전파를 쏘고 겸용 텔레비전을 보내면 된다. 반대로 남녘에서도 똑같은 방식으로 해도 되고 케이블 TV를 활용해도 된다. 통로를 여는 건 쉽다.

그러나 갈 길이 멀다. 현재는 서로의 방송을 보는 것이 남과 북 모두에서 불법이다. 남녘에서는 '사상 오염'을 염려하고 북녘에서는 '체제 붕괴'를 두려워한다. 남녘의 염려는 기우일 가능성이 크다. 단맛을 아는 사람들이 시고 떫은맛을 찾아갈 가능성은 크지 않다.

말 그대로 '사상 오염'을 당하고 싶은 사람이 있다면 지금 상태로도 가능하다. 북녘의 염려는 이유가 충분하다. 이미 수단과 방법을 가리지 않고 단맛을 맛보고 있는데 규제를 완전히 풀 경우 통제 불능의 상황이 되지 않을까 우려될 것이다.

통로를 바꿔라!

할 수만 있다면 대화와 협상의 통로, 나아가 추진의 통로를 바꾸어야 한다. 염려와 두려움이 많은 당국자들의 대화 통로는 경색되기 쉽다. 그러나 개인, 기업, 기관 등의 민간 통로는 상대적으로 자유롭다. 얽힌 실타래는 이들이 훨씬 더 잘 풀어갈지 모른다. 씨앗을 뿌리고 싹을 틔우는 일도 이들이 제격일 수 있다.

'통로를 열어라!'와 '통로를 바꿔라!'는 남북의 언어 통일 문제를 고민하는 이들에게도 그대로 적용될 수 있다. 남과 북의 방송 통로가 열리면 국어학자와 국어교사가 할 수 있는 일의 몇백 배를 방송 콘텐츠가 해낼 것이다. 중국 동포들의 언어 지향을 북녘말에서 남녘말로 바꾼 것은 텔레비전 위성방송이었다. 전 세계 각지의 사람들이 한국어에 관심을 가지게 된 계기는 각종 콘텐츠였다. 남과 북의 방송 통로가 열리면 이 기적이 자연스럽게 재연될 것이다.

사전과 규범, 그리고 교과서는 시고 떫은 것을 넘어 쓰기까지 하다. 그러나 방송 콘텐츠는 달콤하고 샤방샤방하다.

세탁과 미용

말도 가끔은 '화학빨래'를 해야 한다

"슬기 어머니, 머리 볶으러 가깁소? 슬기도 같이 가자."

"엄마, 머리 볶는 게 뭐야?"

"슬기도 볶아볼래? 빠글빠글? 여기서 그러고 다니면 정말 튀겠지?"

"아, 파마……. 싫어. 그냥 자르기만 할래."

"여기서도 젊은 사람들은 파마라고 함다. 한 선생님도 같이 가겠습까? 머리가 너무 김다. 가서 잘라야겠슴다."

북녘의 대표적인 종합편의시설로는 평양의 '창광원'이 있다. 1980년 보통강변에 개관한 창광원은 수영장·물놀이장·목욕탕을 갖추고 있다. 오늘날은 창광원 외에도 명목상 국영이지만 개인이 운영하는 목욕탕에서 한증을 비롯하여 안마 등을 할 수 있다. 각 지방도시에 건설된 종합편의시설로는 '은덕원'이 있다. 은덕원은 시·군·읍 단위에서만 운영되므로 지방 주민들 가운데 이를 이용하기 어려운 사람들이 많다. 그런 경우 집에서 함지목욕을 하거나 공장 기업소에 있는 목욕탕을 이용하기도 한다. 2000년대 이후 주민들의 소비 수준이 높아지면서 돈주들이 텃밭에 목욕탕을 건설하고 시장 가격으로 운영하며 수익을 올리고 있다. 지방정부에 소속된 국영 편의시설에서는 이발, 미용, 도장, 신발 수선, 시계 수리, 사진 촬영 등의 서비스를 이용할 수 있다.

남성들은 이발소에서, 여성들은 미용실에서 머리를 자르거나 파마를 한다. 국영 편의시설의 미용사는 퇴근 후나 휴일을 이용해 자신의 집에서 이발과 미용을 해주며 돈벌이를 하는데, 직장인들이 주로 간다. 2000년대 들어서면서 개인 이발소, 개인 미용실이 등장하였다. 국영편의시설보다 가격은 열 배 비싸지만 유행에 맞는 머리를 해준다. 또 간단한 얼굴 안마 등 서비스를 제공하기도 한다.

미용실에 가기로 한 날이다. 두 달 가까이 손질하지 않았더니 머리가 제멋대로라서 가긴 가야 하는 상황이다. 과거의 분류 체계로는 남자는 이발소에 가야 했고, 여자는 미장원에 가야했다. 산, 개울, 초가, 물레방아, 나무, 꽃, 기러기가 한 화폭에 욕심껏 담겨 있는 이발소 그림이 반겨주는 곳은 남자들의 공간이다. 들어가보지는 못했지만 들어갔다 하면 뼈다귀 같은 플라스틱을 다닥다닥 붙이고 머리에 보자기를 쓰고 나오는 곳은 여자들의 공간이다. 그런데 어느 순간 이발소는 천연기념물처럼 되었고 남자들과 여자들이 나란히 앉아 머리를 하는 시절이 도래했다.

거리로 나서 전차를 탄다. 오랜만에 하는 가족 나들이에 예리 어머니가 든든한 안내원 동무로 앞장서니 마음이 놓인다. 정류장을 놓칠까 노심초사하지 않아도 되니 오늘은 마음 놓고 차창 밖 구경을 해도 되겠다.

"예리 어머니, 저건 뭐 하는 집인가요? 저기 화학 빨래방이라고 쓴 집이요."

"빨랫방 모름까? 남녘에선 머라 함까?"

"세탁소요. 빨래방은 알겠는데 화학 빨래방에선 무얼 하는 건가요?"

"거 있잖슴까, 물빨래 말고 약품으로 하는 거."

"아 드라이클리닝!"

갑자기 시야에 '화학 빨래방'이라는 간판이 들어온다. 뭐하는 곳일까? 빨래방은 이전에 있었던 '세탁소'와 구별된다. 세탁소에 가면 주인에게 빨래를 맡기지만 빨래방에 가면 기계에 빨래를 맡긴다. 스스로 기계를 조작하고 금액을 지불하는 방식이니 편리하기도 하지만 제한도 있다. '노래방' '비디오방' 등 다양한 형태의 '방' 계열 업소들이 생겨날 시기에 등장했다. 미용실의 간판에 등장한 '머리방'도 역시 마찬가지다.

'빨래방'의 표기와 발음이 헷갈린다. 남녘의 표기대로라면 '빨래방'이다. 그런데 소위 사이시옷과 관련된 발음이 차이가 있다. 남과 북 모두 쓰기는 '노래방'이라고 쓰는데 남녘에서는 [노래방]이라고 발음하는 것을 북녘에서는 [노래빵]이라고 발음한다. '빨래방'

도 표기는 같은데 각각 [빨래방]과 [빨래빵]이라고 발음한다. 남녘의 발음대로라면 사이시옷 없이 표기해야 하고, 북녘의 발음대로라면 사이시옷을 넣어서 표기해야 한다. 이것은 옳고 그름의 문제가 아니라 다름의 문제다. '등굣길'에 쓰인 사이시옷을 두고 여러 논쟁이 일었던 것을 생각해봐도 그렇다. [등교낄]이라고 발음하니 규범에 맞춰 '등굣길'이라고 적어야 하지만 단지 익숙하지 않다는 이유로 많은 사람들이 반발했었다. 이곳에서는 [빨래빵]이라고 발음하니 '빨랫방'이라고 적어야 한다고 주장할 수도 있겠지만 이미 나름대로의 규범과 표기에 익숙해져 있으니 이 또한 반발이 클 것이다.

그럼 '화학 빨래'는 무엇일까? 결론적으로 화학적으로 하는 빨래다. 다른 말로 하면 화학약품을 써서 하는 빨래다. 그럼 반대말은? 집에서 늘 하는 물빨래다. '물빨래'와 '화학 빨래'를 대비시키니 그 뜻이 금방 들어온다. 남녘의 표현대로라면 '드라이클리닝'이 되어야 할 것이 이곳에서는 '화학 빨래'인 것이다. 사실 남녘에서 무심코 쓰고 있지만 '드라이클리닝'은 꽤나 무성의한 말이다. 짧은 영어 지식을 동원해 뜻을 가늠해보면 '마른 세탁' 정도인데 전혀 뜻이 와닿지 않는다. 물 없이 한다고는 하나 화학 용제를 쓰는 것이니 마른 세탁도 아니다.

세탁소는 집에서 세탁할 수 없는 옷을 깨끗이 세탁해주고 다림질과 수선까지 해주니 우리 삶에서 빠질 수가 없다. 그중에서도 드라이클리닝은 세탁소를 떠받치는 기둥이다. 드라이클리닝 기법이

이 땅에 소개되었을 때 누군가가 알기 쉽게 번역을 시도했으면 좋았을 듯싶다. 일본에서 '도라이쿠리닝구ドライクリーニング'라고 하는 것을 그대로 가져다 쓰다보니 결국 드라이클리닝으로 자리를 잡고 말았다. '물세탁'에 대비되는 것이니 '약품 세탁' 정도가 그나마 적당했을 텐데 이제는 되돌릴 수 없는 상황이다. 그렇다고 '화학 세탁'으로 가지도 않을 듯하다.

가끔씩은 '화학 빨래방'과 같은 낯선 간판을 마주치기도 하지만 이곳의 간판은 참으로 솔직하다. 음식점 뒤에는 '관' '각' '식당' '집' 등이 붙는다. '대동강식당' '민족료리식당' '단고기국집' '불고기집' '농마국수집'처럼 지명이나 주된 품목 중심으로 이름을 짓는다. 자영업의 천국인 남녘에서 가게들이 저마다의 특색을 드러내고자 다양하게 이름을 짓는 것에 비하면 매우 단순하다.

상점 또한 간판에 씌어 있는 것 자체가 그 상점의 정체성이다. 국영상점은 '공업품상점, 식료품상점, 백화점' 등으로 이름을 짓는다. 어떤 물품을 취급하는가가 이름을 짓는 가장 중요한 기준이 된다. 서서히 늘기 시작한 개인 상점은 '우리네 상점'처럼 비교적 자유롭게 이름을 짓는다. 서비스업종도 '리발, 미용, 매직, 미안, 아일리'처럼 어떤 서비스를 제공하는지 커다랗게 간판에 써둔다. 숫자가 많아지면 구별하기 위한 이름이 더 필요하겠으나 아직은 어디에 있는 무슨 무슨 집 정도만으로 충분히 구별된다.

"여김다. 여기가 평양에서 가장 최신의 머리를 해주는 뎀다."

"여기가 미용실이에요? 그런데 이름이 미래 미용술 보급소? 무슨 급식소 이름 같아요."

"슬기야, 그럼 뭐라 이름을 붙이면 좋을까? 샵? 살롱? 센터?"

"이름이 뭐이 중요하겠슴까? 머리 잘해주면 됩지."

"여긴 어떤 일을 하는 덴가요?"

"여기선 미용술 봉사자들한테 미용술 배워주기도 하지만 주로
는 고위층이나 돈주들 상대로 머리, 화장, 안마 따위를 다 해줌다."

남녘이라면 '미용술 보급소'란 간판으로는 손님을 끌기 어려울
텐데 이곳은 규모도 꽤 크고 드나드는 사람도 많다. 이 정도 규모와
시설이라면 서울 강남에 있는 '샵'과 비교해도 손색이 없다.

남녘에서는 '샵'에 가서 '커트'나 '펌'을 하고 '제품'을 바른다. 도
대체 왜 미용실이 '샵'이 됐는지 모르겠지만 그리 쓰인다. '컷'과
'커트', '펌'과 '파마'가 같은 말인지 다른 말인지 헷갈린다. 이런 외
래어가 부담스러웠을까? 헤어트리트먼트는 뜬금없이 '제품'이란
말로 퉁쳐서 쓴다. 처음 미용실에 갔을 때는 이런 말들이 귀에 거슬
렸다. 그러나 처음부터 익숙해져 있는 슬기에게는 아무렇지도 않
은 듯하다. 오히려 '헤어 샵'보다 '미용술 보급소'가 낯설게 느껴질
수도 있겠다.

"한 선생님은 어떤 머리로 하실랍니까? 저기 사진 보시라요."

"구름형, 채양형, 흐름형, 기러기형, 부품형…… 제 눈에는 다 똑
같이 상고머리로 보이는데요."

"상고머리는 뭐인지 모르겠슴다. 가운데에 있는 축포형으로 하
기쇼. 젊어 보일 겁다."

© uritours.com

　벽에 붙은 액자를 보니 자그마치 19종의 머리 모양이 있다. 그런데 아무리 보아도 전부 앞머리는 조금 길게 남기고 옆머리와 뒷머리를 짧게 올려 깎은 상고머리다. 19종이나 되니 긴 머리, 짧은 머리 등등 다양하게 있을 법도 한데 사진 속의 사람만 다를 뿐 머리 모양은 차이가 없다. 한 가지 분명한 것은 긴 머리는 전혀 없다는 것이다. 본래도 긴 머리를 깎기 귀찮아서 더부룩한 머리로 지내던 나를 쳐다보는 이곳 사람들의 시선이 비로소 이해가 된다. 남자들은 모두 상고머리나 스포츠머리를 한다.

　생각해보니 머리 모양을 가리키는 말이 많지가 않다. 상고머리라는 말도 요즘은 잘 안 쓴다. 스포츠머리는 학생이나 군인 등의 짧은 머리를 가리키는 말로 쓰였는데 이 말을 쓰는 사람은 '아재'임에 틀림없다. 최근에 들어 '투 블럭'이런 말이 종종 들리는데 정체가 불분명한 말이다. 여자들의 머리 모양 이름도 특별할 것이 없다. '단발머리'는 그나마 단어와 머리 모양이 가늠이 된다. 흔히 쓰는 '커트머리'는 단어만 봐서는 도대체 무엇인지 알 수가 없다. 머리 모양까지 일일이 이름을 붙일 시간이 없었기 때문인 듯하다. 사실 유행이 빨리 변하는 데다 다양한 스타일이 생겨나니, 사진을 보고 선택하거나 말로 대충 설명하는 것이 빠르다.

예리 어머니의 권유대로 축포형으로 머리를 자르고 나자 사진 속의 모델처럼 멋지지는 않아도 상큼한 맛이 있어 좋다. 아내와 슬기는 좀 시간이 걸릴 듯해 양해를 얻어 미용실 구석구석을 돌아본다. 곳곳에 놓여 있는 화장품들이 궁금하다. 평양화장품공장, 신의주화장품공장, 봄향기합작회사 등등 회사 이름도 솔직함과 담백함 그 자체다. 그나마 봄향기합작회사는 세련된 향기가 나지만 나머지는 이 제품이 어디서 어떻게 만들어진 것인지를 드러내는 정직한 이름이다.

북녘의 화장품으로는 평안북도 신의주화장품공장에서 생산되는 '봄향기', 평양화장품공장에서 생산되는 '은하수'가 대표적이다. 화장품 산업이 강조되면서 최근 생산 품목도 매우 다양해지고 있다. 스킨로션에 해당되는 '살결물'에는 수렴성 살결물, 보습성 살결물, 미백 영양물이 있다. 크림에는 밤크림, 물크림, 분크림 등이 있다. 일반 여성들은 '고체분'으로 불리는 파우더, '삐야스' 또는 분크림이라 불리는 파운데이션으로 기본 화장을 한다. 그다음 립스틱을 가리키는

'구홍口紅'을 입술에 바른다. 구홍은 '입술연지' '빼미'라고도 한다. 화장품 가격은 국산, 중국산, 한국산 등 브랜드에 따라 천차만별이다. 중국산 화장품이 비교적 저렴해 대중 화장품으로 사용된다. 봄향기 화장품을 모방해 개인이 제조해 싸게 판매하는 것도 인기를 끌고 있다.

세수크림, 분크림, 물크림, 살결물, 크림……. 묘향천호합작회사의 '미래' 화장품 세트는 이렇게 구성돼 있다. '동동구리무'의 추억 때문에 '구리무' 혹은 '구룸무'를 기대했는데 그냥 '크림'이다. '세수크림'은 화장을 지우는 크림일까? '물크림'은 대충 상상이 되는데 분크림은 어떤 것일지 상상이 잘 안 된다. 물어보니 파운데이션이다. 살결물은 잘 알려져 있듯이 스킨로션인데 누가 이름을 지었는지 몰라도 피부 화장수란 뜻의 '스킨 로션'을 그대로 가져다 쓰는 것보다 나아보인다.

"한 선생님도 이 미안막 한 번 써보시겠슴까? 요즘 이게 최고 인김다."

"미안막이 뭡니까? 아름다운 얼굴을 만들어주는 막이란 뜻인가요?"

"저기 처녀들 얼굴에 들씌워져 있는 거 말임다. 피부가 고와진담다."

"남녘에서도 안 해본 걸 여기서 하라구요? 안 합니다. 아니, 못합니다."

마스카라를 가리키는 '눈썹먹', 립스틱을 가리키는 '입술연지' 등의 말을 보다가 '미안막'처럼 한자로만 구성된 단어를 보니 잠시 막힘이 있다. 한자로는 '美顔膜'일 테니 피부 관리를 위해 쓰는 마스크팩이다. 어떻게든 알아들을 수 있는 말로 바꾸려는 노력이 엿보인다. 이곳의 화장품과 그 이름을 익히다보니 슬그머니 남녘에서의 난감했던 기억이 떠오른다. '불가리안 로즈 블레미쉬 케어 세럼 플러스'는 무엇일까? '인텐시브 컨센트레이트 크림' '닥터솔루션 아큐어솔트 테라피 토너'는 또 무엇일까? 화장품 용기에 한글로 쓰여 있으니 읽을 수는 있지만 아무런 도움이 되지 않는다.

1978년 겨울, 20여 가구가 채 되지 않는 마을 사람들이 일요일 밤만 되면 두 집에 나눠 모인다. 겨울밤 9시 무렵이면 시골 마을은 한밤중이지만 매주 일요일 방송되는 〈수사반장〉을 보기 위해 졸음을 참고 텔레비전 앞으로 모인 것이다. 인기가 높은 프로그램이니 광고가 많이 붙었는데 그중 한 장면. 겨울밤에 예쁜 여자가 세수를 마치고 화장대 앞에 앉는다. 손가락으로 크림을 듬뿍 떠서 얼굴에 골고루 바른다. 본래 별다른 설명 없이 장면만 내보내다가 마지막 순간에 여자 성우가 제품 이름을 말하는 것으로 끝나는 광고인데, 성우의 멘트가 나올 순간 갑자기 동네에서 엉뚱한 우스갯소리를 잘하기로 소문난 뷬쇠 엄니의 목소리가 방안을 가득 채운다.

"쌍그랑방, 말트크리."

무슨 말일까? 성우의 멘트는 "싸늘한 밤, 나이트크림"이었다. 추운 겨울날 밤 손상되기 쉬운 피부를 나이트크림으로 보호하라는 뜻이었으리라. 그러나 학교 문턱에도 가보지 못해 한글을 깨치지 못한 뵐쇠 엄니에게 이 말이 제대로 들릴 리가 만무했다. 어릴 적 한바탕 웃음으로만 남은 기억이지만 살결물과 스킨로션을 비교하면서 다시금 떠올려본다. 불가리안 로즈 오일로 티나 흄을 보살피는 미용 농축액의 이름을 '불가리안 로즈 블레미쉬 케어 세럼 플러스'로 지은 이유도 생각해본다.

이름은 정체를 드러내기 위한 것이기도 하고 불리기 위한 것이기도 하다. 길고도 어려운 화장품 이름을 지은 사람은 화장품의 정체를 드러내려는 욕심이 앞서 부를 수 없는 이름을 지었다. 이 정도까지는 아니더라도 남녘과 북녘의 이름 짓기 방식은 언젠가는 문제가 될 것이다. 자동차 모델 이름으로 '휘파람'이나 '뻐꾸기' 정도만 알고 있던 사람들과 '소나타'니 '산타페'니 하는 이름에 익숙해 있던 사람들이 만나면 낯설어 하거나 촌스럽다고 하며 혼선도 빚어질 것이다.

한쪽에서는 특별한 통제 없이 흐름을 따라 외래어든 외국어든 자연스럽게 받아들여 썼다. 다른 한쪽에서는 '우리 것'을 강조해 가능한 한 고유어를 쓰려고 노력했다. 어느 쪽이든 나무랄 것은 아니다. 그러나 이것이 우리말을 천하게 여기고 남의 말을 귀하게 여긴 결과라면, 혹은 우리말에 지나치게 천착해 남의 말을 배척한 결과라면 반성이 필요하다. 화장품처럼 일상에서 꼭 필요하지는 않은 것들은 별 문제가 아닐 수도 있다. 이름이 아무리 어려워도, 혹은 촌스러워도 필요한 사람들은 어떻게든 찾아서 쓴다. 그러나 사람의 목숨과 직결되어 있는 '비상구'가 'EXIT'라고만 씌어 있다거나 '안전벨트'를 '박띠'라고만 한다면 문제가 될 수밖에 없다.

말의 운명은 말의 주인들이 결정해야 한다. 사용자의 선택에 따라 남을 말들은 남고 사라질 말들은 사라지게 해야 한다. 비가 내리면 여기저기에 쌓인 먼지가 씻겨나가듯이 때를 기다리는 것이 순리다. 시냇가에서 흐르는 물에 빨래를 하듯이 자연스럽게 때가 빠지도록 하는 것도 방법이다. 그러나 가끔씩은 화학빨래가 필요할 때도 있다. 오염된 것을 말끔히 걷어내고 날이 서도록 다림질을 해야 하는 것도 있다.

호칭

북이 삼킨 '동무', 남이 바꾼 '오빠'

늦은 여름날 오후, 한바탕 소나기가 내린다. 비가 올 기미가 전혀 없어 우산도 없이 슬기와 함께 나왔는데 난감하다. 예리 어머니와 예리도 마찬가지다. 이럴 줄 알았으면 식료품 매장에 좀 더 있을 걸 그랬다. 할 수 없이 거리 빙수 매대의 작은 의자에 앉아 비가 긋기를 기다린다.

　"아빠, 소나기는 평양말로 뭐라고 해?"

　"모르겠는데? 그냥 소나기 아닐까?"

　"에이, 그것도 몰라? 실망!"

　"어머니, 소낙비 아니야요?"

　"옳다. 우리 고향에선 쏘낙비라고 쎄게 말하지."

　비가 그치려면 시간이 좀 걸릴 듯하다. 무료한 걸 못 참는 슬기가 사투리를 묻는다. 사전이나 자료집이 없으면 아빠는 허당인 걸 뻔히 알면서도 저러는 걸 보니 아빠를 놀리려는 것이 분명하다. 슬기에 비해 예리는 참 공손하다. 어렸을 때부터 저렇게 가르쳤어야 하는데 그러지 못한 것이 후회가 되기도 한다.

"아주머니, 애를 어찌 그래 다르게 키워시오? 큰애는 사내번지기 같이 말을 하고 둘째는 꼬박꼬박 네를 바테 말하고."

"이 아바이 지금 머라 함까? 왜서 남의 일에 삐치각질임까? 관계 말란 말임다."

"그집 세대주는 어디 사람인데 서나가 너자처럼 어찌 저리 말을 깐드레하게 합니까?"

"이 아바이 어째 이럼까? 도덕 좀 갖추라요. 내 나그네 아니라 했쟀음까?"

"예리 어머니, 가시죠. 비 그쳤습니다."

한번쯤은 당할 거라 생각한 봉변이다. 옆자리에 앉은 어르신이 귀를 쫑긋 세우고 엿들을 때부터 불안했는데 결국 이 사단이 나고 말았다. 그럴 법도 하다. 비슷한 또래의 중년 남녀가 터울이 많이 안 져 보이는 여자애 둘을 데리고 앉아 있으니 한 가족으로 볼 법도 하다. 슬기는 남녘에서 하던 버릇대로 아빠한테 꼬박꼬박 반말을 하고, 예리는 늘 하던 대로 존댓말을 하고 있으니 자매라면 너무 다른 자매로 보일 법도 하다. 한편 물러터져 보이는 남편은 애한테 타박을 듣고는 가르칠 생각은커녕 여자 같은 말투로 시종일관하고 있으니 답답해 보일 수 있겠다.

졸지에 큰딸과 남편이 생긴 예리 어머니는 어쩔 줄 몰라 한다. 괄괄한 사내아이 말투라고 책망을 받은 슬기도, 예의 바르다는 말을 들은 예리도 당황스럽긴 마찬가지다. 그러나 내겐 이 장면이 재미

┃ 비 그친 평양의 어느 거리 　　　　　　　　　　　　　　© Roman Bansen

있기만 하다. 남의 일에 나서기 좋아하는 어르신한테 화가 났는지 예리 어머니의 입에서 고향 회령 말이 바로 튀어나온다. '삐치다' '뻐치다' '삐치개질하다'는 '참견하다'라는 뜻인데 북녘에서만 나 타나는 말이다. 어르신이 엉뚱한 사람을 남편이라고 하자 예리 어 머니가 '나그네'라 하는 것도 재미있다. '서나'가 '너자'말을 쓰니 '깐드레하다'고 말씀하시는 것도 내겐 그저 정답게 느껴진다.

　　　　북녘에서 온 사람들의 빠른 말 때문에 남녘 사람들이 당황할 때가 종종 있다. 강연과 같은 공식적인 상황에서도 마찬가지여서 빠른 말투 때문에 강의 내용을 거의 감으로 이해한다는 사람들이 많다. 남녘의 말투와 비슷한 속도로 말하다가도 화가 나면 상대방이 알아듣지 못할 정도의 빠르기로 바뀌고 말투도 변해 웃음을 유발하기도 한다. 사투리는 강하고 거칠다는 인식이 늘 있는데 익숙하지 않은 북녘 사투리에 대해 이런 인식이 더 강한 듯하다. 이런 이유로 남녘에 살고 있는 북녘 사람들은 부드럽고 느리게 말하려고 애쓴다.

남녘에 와 있는 북녘 사람들이 무엇보다도 어려워하는 것은 높임법이다. '강사님께서 곧 오셔서 말씀하실 겁니다'라든지 '할머님께서 위장이 안 좋으신지 식사를 잘 못하신다'와 같은 높임말은 북녘사람에겐 꽤 낯선 것이다. 북녘에서 '말씀하시다'는 수령에게만 쓴다. 남녘의 높임법을 따라하려고 신경 쓰다 '제가 많이 노력하신 결과 제 말이 곱고 느려지셨습니다' 같은 문장을 구사하기도 한다.

어쨌든 자리를 피하는 게 상책이다. 부부가 아니라고, 이 부녀는 남녘에서 온 사람들이라고 설명하자면 괜히 복잡해진다. 예리 어머니의 화를 돋우긴 했지만 이 어르신은 귀가 밝은 사람임에 틀림없다. 귀만 밝으면 될 것을, 남의 일에 끼어들지 않았으면 될 것을, 어느 곳에서나 남의 일에 삐치각질을 하며 쓸데없이 말을 얹어 문제를 일으키는 사람들이 있다.

나도 그랬다. 북녘말 전공이랍시고 아는 체를 해서 곤란한 상황을 만들었던 기억이 불현듯 떠오른다. 2002년 월드컵이 한창일 무렵, 대학로 한 식당에서 고등학교 동창들과의 저녁 모임이 무르익고 있었다. 우리 방을 담당하던 직원이 워낙 싹싹해서 팁을 건네며 중국 어디서 왔냐고 물었다. 함경도 말씨를 쓰기에 두만강 유역의 어디쯤, 심지어 용정에서 왔을 거라고 친구들에게 장담을 해놓은 터였다. 그러나 자기는 강원도 강릉이 고향이라고 딱 잡아뗀다. 친구들이 의심스런 눈초리로 나를 쳐다본다. 아니다. 잘 모르는 사람들이 강릉말을 들으면 북녘말 같다고 생각하지만 강릉말과 함경북도 말은 전혀 다르다.

오기가 생긴다. 중국말을 슬쩍 던져본다. 나를 빤히 쳐다보는 두 눈, 그런데 못 알아듣는 척을 하는 것이 아니라 못 알아들은 것이 분명하다. 중국어를 거의 모르는 중국 동포들도 충분히 알 만한 쉬운 중국말인데 정말로 못 알아듣는다. 순간적으로 든 생각. '중국에서 온 것이 아니라 북녘에서 온 사람이구나.' 고향이나 출신을 숨겨야 할 사연이 있는 것일까? 그래도 자칭 방언 전문가인 나까지 속이려고 하다니…… 술 때문이었는지 괘씸해서였는지 왜 그랬는지 모르겠다. 특식을 들고 들어온 주방장 겸 사장에게 따져 물었다. 북에서 온 사람인데 왜 강릉 사람이라고 거짓말을 하느냐고. 그랬더니 주방장이 더 펄쩍 뛴다. 틀림없는 강릉 사람이라고. 주방장 또한 그런 척이 아니라 정말로 그렇게 생각하고 있는 것이 분명하다. 한 달이 채 안 돼서 다시 방문했는데 그 종업원이 보이지 않는다. 주방장에게 물으니 알면서 왜 묻냐는 표정이다. 싹싹하고 일도 잘하는 자기 집 에이스였는데 왜 내쫓았느냐고 책망하는 듯하다. 그때 일에 비하면 지금의 상황은 아무것도 아니다. 그때는 남의 귀한 밥줄을 끊은 것이지만 지금은 그저 자리만 뜨면 될 일이다.

"아까 아바이라고 하셨는데 평양에서도 나이 든 어르신들을 아

바이라고 하나요? 저는 함경도말인 줄만 알았는데."

"아바이랑 노친네 말임까? 서울에서는 머라 함까? 평양에서는 이웃집의 로인들을 남자는 아바이, 여자는 노친네라고 합니다."

"할아버지를 클아바이라고 하고, 할머니를 클마니라고 하는 사람은 없나요? 전에 의주 사람들 조사했더니 그렇게 부르더라구요."

"그게 지방마다 다 다름다. 우리 고향 회령에서는 할아버지 할머니를 아바이랑 아매라 불렀슴다."

"맞아요. 방언자료집 보면 전국적으로 할아버지나 할머니를 가리키는 말이 각각 100가지가 훨씬 넘습니다."

방언조사를 할 때 친족 명칭에 대한 조사는 필수적이다. 지역마다 다른 것은 당연하고, 그 마을이 양반들이 살았던 반촌이었는지 상민들이 살았던 민촌이었는지에 따라서도 다르다. 아버지와 어머니, 아들과 딸, 형제와 자매가 가족의 가장 기본적인 구성원이니 친족 명칭은 여기서부터 출발한다. '아버지'와 '어머니'도 매우 다양하게 나타나지만 거의 전부 '아비'와 '어미' 계열이어서 한반도 전체를 통틀어 두드러진 차이가 나타나지는 않는다. 형제자매끼리 쓰는 형, 누나, 동생 또한 미세한 차이만 나타난다.

　　서울의 '할아버지'와 '할머니'가 경상도에 가면 '할배'와 '할매'가 되고 함경도에 가면 '아바이'와 '아매'가 된다. 평양에서도 요즘은 '할아버지'와 '할머니'를 많이 쓰기 때문에 크게 헷갈릴 일은 없지만 함경도 지역은 여전히 전통적인 친족 명칭을 쓴다. 황해도말은 서울말과 마찬가지로 중부방언에 속해 있는데 '할아버지'가 '하르밤' '하리밤' '한아밤' 등으로 나타나고 '할머니'가 '할마' '할맘' '할망' 등으로 나타나기도 한다.

　　남녘에 정착한 사람들은 친족 명칭 때문에 곤란한 상황을 맞이하곤 한다. 남녘에 오게 되면 하나원에서 정착 교육을 받을 때 면회객으로 '아저씨'와 '아재'들이 찾아오는 일이 많은데, 면회 온 사람들을 이렇게 기록해놓았지만 막상 따져보면 '형부'와 '외숙모'이기 때문이다. 평안도 사람들은 '형부'를 '아저씨'라 부르고, 함경도 사람들은 '외숙모'를 '아재'라 부르니 이리 쓰지만 그것을 모르는 사람들은 동네사람이 왜 면회를 왔을까 의아해하기도 한다. 이런 이유로 남녘에 정착한 이들은 표준어의 친족 명칭으로 빠르게 바꾸어 쓰기도 한다. 남과 북을 막론하고 친족 명칭들은 시간이 지남에 따라 표준어나 중앙어로 통일되는 경향이 나타나고 있다.

그러나 이 범위를 넘어서는 친족 명칭은 지역마다 많은 차이가 나타난다. '할아버지'와 '할머니'는 기본적으로 '아버지'와 '어머니'에 '크다'라는 뜻의 '큰'과 '한'을 붙인다. 따라서 '아바이'를 할아버지라는 뜻으로 쓰는 슬기 어머니의 고향이 특이한 것이라 할 수 있다. 남녘 지역의 사람들이 헷갈려 할 만한 것은 '큰'이 붙은 계열이다. '큰아바지' '클아바이' 등이 그것인데 남녘에서 '큰아버지'는 아버지의 형님을 가리키는 말이기 때문이다. 할머니도 마찬가지여서 북녘에서는 '큰어마니' '클아매' 등으로 나타나는 지역도 있는데 남녘의 '큰어머니'와 다른 뜻이어서 혼란스러울 수 있다.

"아빠, 만약 엄마가 예리 엄마 친동생이라면 나랑 예리는 사촌이 되는 거지? 그럼 예리 엄마는 이모라고 부르면 되는 거야?"

"슬기야, 이 큰오마니가 배워줄게. 예리는 니네 엄마를 이모라고 부르는데 너는 나를 큰오마니나 큰엄마라고 불러야 해 여기서는."

"네? 그럼 진짜 큰엄마는요? 그니까 우리 아빠 형의 부인은요?"

"그것도 큰오마니라고 해야지."

"아 너무 어려워요. 예리랑 저랑 사촌 간이라면 예리가 저희 아빠는 뭐라고 불러야 해요?"

"그건 더 어려운데……. 옛날에는 이모작숙이라고 했는데 요즘은 이모부라고 하기도 한다."

친족 명칭을 조사하려면 사돈의 팔촌까지 다 조사해야 하는데 하면 할수록 복잡하다. 특히 요즘은 친족의 내왕이 끊겨 사촌보다 더 먼 친척은 잘 모르기도 하고 그에 따라 명칭도 많이 사라지고 있어 조사도 어렵다. 요즘에는 아버지 쪽 친척보다는 어머니 쪽 친척과 더 가까이 지내기 때문에 슬기는 '이모'가 궁금했나보다. 그저 '이모'와 '이모부'이면 간단할 것 같은데 손위냐 아래냐에 따라 다르고 이모부는 더 복잡하다.

북녘에서도 친척관계는 친가인지 외가인지와 관계없이 거리에 비례해 가깝고 멀어진다. 가까운 지역에서 살아야 왕래가 잦으니 친가든 외가든 멀리 있는 친척은 사돈보다 못하다는 말이 있다. 이는 북녘의 여행증명서 제도 때문이기도 하다. 자신의 거주지에서 다른 군이나 시로 이동하려면 도착 지역과 기간이 명시된 여행증명서를 발급받아야 한다. 친척집을 방문하기 위해 여행증명서를 받으려면 결혼, 생일, 사망 등의 증명서가 있어야 하는데 황해도로 시집간 딸이 보고 싶어 '부모 사망'이라는 허위 전보를 보내기도 한다. 이처럼 이동의 자유가 제한되어 있기 때문에 친형제라도 먼 지역에 있으면 왕래하기 힘들다. 지금은 개인택시, 개인버스가 등장하면서 여행증명서 없이도 돈이면 어느 지역이든 갈 수 있다. 하지만 장거리 버스나 택시를 이용하려면 비용이 많이 들어 장사 목적 외에는 형제 사이에도 장거리 왕래를 하는 일이 드물다.

이러한 친족 명칭은 복잡하기도 하지만 불편하기도 하다. 사람을 만나고 대화를 하기 위해서는 뭔가 부를 말이 있어야 하는데 그 말이 익숙하지 않아 어색하게 느껴질 때가 많다. 특히 관계 자체도 불편한데 부르는 말까지 이상하게 느껴지는 말들이 그렇다. 여자가 결혼하게 되면 남편의 형님은 '서방님'이라 불러야 하고 결혼하지 않은 남동생은 '도련님'이라고 불러야 한다. 통념상 '서방님'은 자신의 남편에게만 써야 할 것 같고, '도련님'은 왠지 신분이 낮은 사람이 상대를 높여 부를 때 쓰는 말이라는 느낌을 준다. 이런 문제에 대해서 북녘 사람들은 어떻게 느낄까?

"예리 어머니, 예리 어머니랑 우리 집사람이 자매지간이라면 예리 어머니는 저를 뭐라고 부르나요?"

"슬기 엄마가 제 동생이니 저는 슬기 아빠를 적은이라고 불러야지요. 슬기 엄마는 예리 아빠를 아저씨라고 불려야 하구요."

"아 그렇군요. 그럼 슬기 아버지랑 제가 형제 간이면 슬기는 저와 예리 엄마를 뭐라 불러야 합니까?"

"그거야 작은 아버지랑 삼춘 오마니 아니겠슴까?"

"여기 여자들도 결혼하고 나면 이런 호칭에 대해 불편해하나요?"

"왜 아이 불편하겠슴까? 사실 다 대하기 어려운 사람들이잼까?"

관계의 시작인 호칭 때문에 난감한 상황이 발생하기도 하고 호칭 때문에 싸움이 나기도 한다. 사람을 알게 되면 나이를 물어 위아래를 가린 후 호칭을 결정한다. 친척을 만나도 촌수를 따져 호칭을 결정한다. 그런데 이 호칭을 잘못 쓰면 봉변을 당한다. 여기에 반말과 존댓말의 사용 여부까지 어우러져 싸움으로 번진다.

호칭 중 최고는 부르지 않고 눈이 마주치는 때를 기다리는 것이라는 우스갯소리나, 호칭 체계가 지극히 단순한 서양이 부럽다는 얘기는 여기서 나온다. 그러나 이것은 불편해하거나 이상하게 여길 문제가 아니다. 호칭이 생긴 데는 다 이유가 있고, 변해가는 데도 이유가 있다. 타지로 출가하는 새색시는 어쩔 수 없이 그 지역의 호칭을 쓰면서 관계를 맺을 수밖에 없다. 처가에 간 사위 역시 그렇게 적응해나가는 것이 도리다. 남남북녀가 만났을 때도 마찬가지다. 본디 다른 것을 이상하다거나 불편해해서는 안 된다.

"북녘 사람들이 삼켜버린 말이 하나 있습니다. 뭔지 아십니까?"

"말을 어찌 삼킵니까? 묻지 말고 말씀합소."

"동무예요. 본래 친구란 뜻이었는데 북녘에서 다른 뜻으로 쓰는 바람에 남녘에서는 아예 못 쓸 단어가 됐습니다."

"남녘 사람들이 영 이상하게 써서 귀가 번데진 말이 있습다. 뭔지 암까?"

"허허. 말 때문에 귀가 뒤집어졌다구요? 반격합소."

"오라바니임다. 어찌 남녘에서는 오라바니랑 애를 낳고 같이 삽까?"

역시 '김옥성 동무'는 전형적인 전진속공수이다. 반쯤 농담으로 한 말인데 바로 받아친다. 남녘에서 50여 년 사이에 가장 수난을 당한 단어는 '동무'다. 그저 친구의 다른 말이었는데 북녘에서 혁명을 위해 함께 싸우는 사람이란 뜻으로 쓰다보니 남녘에서는 금지어처럼 된 것이다. 북녘에서는 남녀노소를 불문하고 남을 친근하게 부를 때도 쓰지만 남녘에서 이렇게 썼다간 신고가 들어갈지도 모른다. 통일이 되면 이 단어가 다시 이전의 뜻으로 쓰일 수 있을까? 남과 북이 완전한 어깨동무를 하게 되면 그리 될 수도 있을 것이다.

'옥성 동무'도 남편 '청지 동무'와 함께 〈샤방샤방〉 앨범에 들어 있는 현빈 동무의 〈오빠만 믿어〉를 들었음에 틀림없다. 북녘 사람들의 귀에 "오빠 한번 믿어봐 너만 바라보리라 평생토록 내가 안아줄게"라는 가사는 어떻게 들릴까? 결혼 후에도 남편을 오빠라고 하는 며느리를 나무라는 사람이 아직도 있음을 감안해보면 북녘 사람들에게는 꽤나 거슬릴 만한 호칭이다. 시장통에서는 30대의 가게 주인이 60대의 손님에게도 아무렇지도 않게 오빠라고 부르기도 하는데 이건 또 어떻게 비칠까? 북녘 사람들이 '동무'란 단어를 삼켰다면 남녘 사람들은 '오빠'란 단어를 바꿔버렸다.

"워워, 동무들 싸우지 마시라요. 무지개 떠시오."

"슬기 언니, 언니가 그리 말하니까 청년동맹원 같다야."

"슬기야 말버릇이 그게 뭐야. 아까 아바이한테 혼나고도 또 그래?"

"적은이 동무, 애가 롱담으로 한 걸 개지고 왜 그럼까? 귀엽기만 하구만요."

소나기가 그치고 해가 쨍하고 나니 무지개가 떴다. 무지개는 몇 가지 색일까? 빨주노초파남보 일곱 가지 색이란 것은 옛말이다. 디자인용 컴퓨터 프로그램의 색상 팔레트에는 16의 6제곱 개의 색상, 즉 1,677만 7,216개의 색상이 있다. 이에 비해서 말의 스펙트럼은 훨씬 적다. 일곱 가지 색 정도인 말의 스펙트럼을 두고도 우리는 다르다, 혹은 이상하다고 느낀다. 그러나 모든 색을 섞으면 한없이 투

명한 햇빛이 되듯이 모든 말을 섞으면 역시 한없이 친근한 하나의 한국어가 된다. '동무'와 '오빠'도 마음을 열고 받아들이면 한국어 속에 자연스럽게 흡수된다.

두음법칙

이씨와 리씨가 만나면 요리를 먹을까, 료리를 먹을까?

"겸재 선생, 내 이름 알디요?"

"그건 갑자기 왜요? 리청지 화백 아니십니까? 공훈예술가 리청지."

"그럼, 리씨의 딸아이는 성씨가 뭐이가시오?"

"당연히 리씨지요. 리예리."

"그런데 슬기가 쓴 거 보라요. 이예리라 쓰지 않앗쇼?"

"안 그래도 어젯밤에 그거 때문에 슬기가 고민이 많았습니다. 선물을 줘야겠는데 이름을 어떻게 써야 할지 모르겠다고. 참 이름 재미있게 지으셨습니다. 이예이, 이예리, 리예이, 리례리 중에서 뭐가 맞나요?"

"언어를 연구한다는 분이 그것도 모릅니까? 오얏 리, 심을 예, 리치 리를 쓰니 리예리가 옳디요."

"예술가의 딸이라 '예술' 할 때 쓰는 예를 쓰셨군요. 저는 '예의' 할 때 쓰는 례인 줄 알았습니다."

이 선생님, 아니 리 선생님이 내 이름을 부르는 건 친근함의 표시이거나 불만의 표시이거나 둘 중 하나다. 그런데 지금은 어조에서도 불만이 잔뜩 묻어난다. 슬기가 예리에게 주는 선물의 포장에 쓰인 "이예리에게"가 마음에 안 들었나보다. 자신의 성씨는 '이'가 아닌 '리'라고 여러 번 강조했는데 딸의 이름을 잘못 썼으니 이해가 안 되는 건 아니다.

사실 불만은 슬기가 더 크다. 이곳에 온 뒤 슬기는 소위 두음법칙과 관련된 단어의 표기와 발음에 영 적응하지 못하고 있다. '료리' '류행' '량식' '려행' 등 단어의 첫머리에 나오는 'ㄹ'을 어색해한다. '녀자' '뇨소' 등도 마찬가지다. 북녘에는 공장 기업소 노동자들에게 매달 공급하는 '식량배급표'가 있다. 두음이 아닌 두 번째 소리에 '량'이 있으면 '식냥배급표'로 발음한다. 이렇게 쓰는 것까지는 괜찮은데 발음까지 그렇게 하니 처음에는 무슨 말인지 못 알아듣는 말도 많다.

"근데 예리야, '료리' '류행' 이렇게 발음하려면 불편하지 않아? '요리' '유행'이 편하잖아."

"언니, 불편하지 않아요. 저는 오히려 '양식' '여행'이 불편해요."

"슬기야, 일본 애니에 나오는 료타란 이름이나 니 친구 류혜영을 부를 때 불편해?"

"아니, 그건 이름이잖아. 이름은 그냥 부르겠는데 굳이 이런 단어까지 리을을 넣는 것이 불편한 거지."

리 선생한테 공격을 받는 아빠가 불쌍했던 것일까? 슬기는 공격의 화살을 예리에게 돌린다. 슬기의 말은 반은 맞고 반은 틀리다. '료리'와 '류행'은 '요리'와 '유행'에 비해서 소리가 더 많다. '요'와 '유'는 '오'와 '우'보다 더 복잡한 발음인데 여기에 'ㄹ'까지 얹어지니 발음이 복잡한 건 사실이다. 그렇다고 발음을 못할 것도 아니다. '요리'와 '유행'이 발음하기에 더 편하기는 하지만 '료리'와 '류행'도 얼마든지 발음할 수 있다. 결국 불편하다고 표현하는 것은 익숙하지 않다는 뜻으로 받아들일 수 있다. 슬기의 말대로 더 편한 '요리'와 '유행'을 예리가 불편해하는 것을 봐도 그렇다. 뜻도 같고 본래 같은 단어였던 것 같은데 자신이 알고 있는 것과 다르게 쓰고 읽으니 그것이 불편한 것일 뿐이다.

"그럼, 로인이나 락원은? 그리고 래일은? 그냥 노인, 낙원, 내일이 편하지 않아?"

"아니 편하고 불편하고의 문제가 아니라 익숙하지 않은 것이라니까. 로마나 라면은 불편해? 레알 마드리드는? 노마, 나면, 네알이라고 쓰고 읽을까?"

"한 선생님, 그건 얘기가 다르디 않습니까. 그건 외국말이고 지금 우린 우리말에 대해서 얘기하는 겁니다."

"예리 아빠 말이 맞네. 외국어 말고 우리말 갖고 얘기해야지."

갑자기 전선이 이상하게 형성되었다. 예리 모녀야 그렇다 쳐도 내 편을 들기 위해 나선 듯했던 슬기마저 나를 공격하는 모양새다. 어찌해야 하나? 국어선생이란 죄로 종종 당하는 봉변이다. 맞춤법에 대한 불만, 어법에 대한 불만을 쌓아두고서는 벼르고 별렀는지 사람들은 내가 국어선생이란 것을 안 순간부터 불만을 토로하기 시작한다. 맞춤법이든 어법이든 내가 만든 것이 아닌데도 그렇다. 보통은 허허 웃고 마는데 지금은 그럴 때가 아니다.

"리 선생님 말씀 잘하셨습니다. 료리나 로인의 발음을 어떻게 하든 이것은 우리말인가요?"

"우리말이 아님 뭐이가시오. 료리나 로인하면 우리가 다 알아듣는데."

"아니, 우리말은 우리말인데 순우리말이냐구요. 한자로 만들어진 말이잖아요."

"그렇기야 하디요. 그러니까 일관되게 쓰자는 거 아닙니까. 료리라고 할 때나 재료라고 할 때 한자가 같으니까 다 료로 써야 한다는 말이디요."

"우리말이니까 우리말답게 써야 하는 건 아니구요? 여기 사람들은 '우리식'이란 말을 참 좋아하지 않나요?"

한국화를 그리기 때문인지 한자에 대한 리 선생의 이해는 꽤 깊은 편이다. 그리고 이 문제에 대해서도 어디선가 배웠거나 토론을 해본 모양이다. 어차피 싸움 아닌 싸움을 걸어온 것은 리 선생이니 적당히 몇 합 겨루는 것도 재미있겠다. 한자에 기원을 두고 있는 단어를 우리말의 일부로 보아야 할 것인가에 대해서는 오랜 논쟁이 있었다. 이에 대해서는 여러 가지 의견이 있겠지만 한자어를 우리말에서 모두 제거해버릴 수는 없는 노릇이다. 두음법칙 문제는 이 한자어에서 시작된다.

본래 우리말의 첫머리에는 'ㄹ'이 오지 못한다. 순우리말을 아무리 뒤져봐도 'ㄹ'로 시작되는 단어는 없다. 그런데 중국에서 들여온 한자에는 'ㄹ'로 시작되는 것도 포함되어 있다. 그리고 'ㄹ'로 시작되는 한자가 첫머리에 놓이는 단어도 만들어졌다. '糧食'과 '老人' 등이 그것이다. 이렇게 써놓고 '먹을 것'과 '늙은이'라고 읽던 시절도 있었지만 한자 발음대로 읽자니 문제가 나타나기 시작한다.

한자에 대한 지식이 있는 사람들은 당연히 '량식'과 '로인'으로 읽을 것이다. '食糧식량'과 '敬老경로'에서도 각각 '량'과 '로'로 읽히니 그것이 당연하고 일관되게 느껴질 것이다. 그러나 한자에 대한 지식이 없는 사람들에게로 이런 단어들이 퍼져나가면서 새로운 상황이 전개되었다. '량식'이나 '로인'은 우리말에는 없는 소리로 구성된 말이니 불편하게 느껴져서인지 단어 첫머리의 'ㄹ'을 'ㄴ'으로 바꿔 '냥식'과 '노인'으로 말하게 된 것이다. 그리고 이렇게 만들어진 '냐, 녀, 뇨, 뉴, 니' 등도 단어의 첫머리에서는 꺼려지기 때문에 결국 '야, 여, 요, 유, 이'로 바뀌게 된다.

북녘의 어문규범에 따르면 한자는 본래 발음대로 쓰고, 표기대로 읽도록 되어 있다. 공식적으로는 이 규범을 따라야 하지만 일상에서는 규범과 다르게 발음하는 경우도 많다. 지역마다 주민들에게 국가 식량을 공급하는 '량정사업소'가 있는데 [량정]이 아닌 [양정]으로 발음되는 경우가 많다. 밥을 타서 먹을 때 내는 '량권' 역시 [양꿘]으로 많이 발음된다. 이 밖에 '량심'도 [양심]으로, 관광지로 유명한 '룡문대궐'의 '룡문'도 [용문]으로 발음한다. 물론 '식량배급표'의 경우처럼 '량'이 두음이 아닌 두 번째 소리에 있으면 [냥]으로 발음하는데 이는 남녘과 같다. 규범과 현실 발음의 차이는 어디에나 있기 마련인데 규범이 엄격하게 지켜지는 북녘에서도 이 사정은 크게 다르지 않다.

1933년에 맞춤법 통일안을 제정하면서 이러한 변화를 반영해 두음법칙 규정을 만들었다. 그 결과 '양식'과 '식량'에 같은 한자가 포함되어 있지만 달리 쓰고 달리 발음하게 됐다. 이러한 변화는 한반도 전역에 걸쳐서 나타났는데 유독 평안도 지역만 조금 달랐다. '랴, 려, 료, 류, 리'가 '냐, 녀, 뇨, 뉴, 니'로 바뀐 뒤 다른 지역과는 다르게 '나, 너, 노, 누, 니'로 남았다. 분단된 후 북녘에서 문화어 규정을 만들 때 평안도 지역의 이러한 특성을 감안해 두음법칙을 적용하지 않게 되었다.

"리 선생님, 할아버님 함자가 어찌 되나요?"

"봉황 봉鳳자에 룡 룡龍자를 쓰셔시오."

"혹시 할아버님께서 남들에게 당신의 이름 말씀하실 때 '내래 니봉농이라 하오'라고 하지 않으셨나요?"

"그랫던 것 같아시오. 우리 아부지도 내가 어렷을 땐 리가가 아니라 니가라고 말씀하셨던 것 같아시오."

"몇 년 전 폭발사고가 있었던 룡천은 아바이들이 말할 때는 농천이라 하지 않던가요?"

"그랬던 것 같아시오."

대화가 이어질수록 리 선생님의 어조가 누그러든다. 자연스럽게 의문이 해소되는 듯 보이기도 한다. 표기가 먼저일까, 발음이 먼저일까? 당연히 발음이 먼저이고 표기는 발음을 있는 그대로 반영하는 것이 원칙이다. 그런데 북녘에서는 반대의 현상이 나타났다. 두음법칙을 인정하지 않고 단어의 첫머리에 'ㄹ'을 적는 규정이 만들어진 이후 실제의 발음이 변하게 된 것이다. 특히 젊은 세대들이 배운 대로, 그리고 표기대로 발음을 하게 됨에 따라 단어 첫머리의 'ㄹ'이 당연한 것으로 받아들여지고 있다.

만들어진 전통이 이래서 무섭다. 북녘에서 '문화어'라는 말이 생겨난 것은 《조선말 규범집》이 간행된 1966년이다. 이 규범은 만들어진 이후 북녘에서 강력한 힘을 발휘한다. 이 규범에 따라 교육이 이루어고, 공적인 자리에서도 이 규범을 준수해야 하는 상황이 되었다. 그 결과 마치 두음법칙을 적용하지 않는 것이 아주 오래된 전통인 양 여겨지게 된다. 노년층의 일상 언어에서는 '낭식'과 '노리'가 여전히 쓰이고 성씨도 '리씨'가 아닌 '니씨'라고 말하지만 세월이 흘러 이런 세대가 점차 줄어들자, 만들어진 전통이 아니라 본래의 전통인 것처럼 인식되었다.

"남조선에서도 한가지 아닙니까? 바드민톤 선수 라경민이라고 잇디 않앗습니까?"

"네, 몇몇 성씨가 한자의 본래 발음대로 쓸 수 있게 해달라고 해서 그렇게 쓸 수 있도록 허용됐습니다."

— 두음법칙 —

"그건 허용하는데 왜 량식이나 료리는 안 됩니까?"

"현실적인 요구가 있으면 그리 될 수도 있겠죠? 그런데 양식이나 요리를 량식이나 료리로 써야 한다고 생각하는 사람도 없고 그렇게 쓰게 해달라고 요구하는 사람도 없으니 굳이 고려할 문제가 아니었습니다."

두음법칙과 관련해서 남녘에서도 방향은 다르지만 이와 유사한 상황이 전개되기도 했다. 한자어로 된 단어에 두음법칙을 적용하는 것이 일반화되어 있으니 이에 대한 근본적인 문제가 제기된 것은 아니다. 단지 이름을 표기할 때 성씨에는 두음법칙을 적용하지 말아달라는 몇몇 성씨들의 요구가 있었던 것이다. 류柳씨와 라羅씨를 중심으로 이러한 요구가 있었는데 이 외에도 리李, 림林, 륙陸, 량梁, 렴廉, 려呂, 로盧, 룡龍 등을 성으로 쓰는 이들도 자신들의 선택에 따라 어느 쪽으로든 쓸 수 있게 허용되었다.

"아빠, 같은 성인데 누구는 류라고 쓰고 누구는 유라고 쓰면 헷갈리지 않아? 통일하는 게 좋지 않아?"

"그래서 예리의 성을 리가 아닌 이로 쓴 거야?"

"응, 내 친구들은 다 이라고 쓰니까."

"하나로 통일하려면 리로 통일하는 건 어떨까? 여기 사람들이 쓰는 대로."

"그건 이상하잖아. 다들 이씨라고 하는데 왜 리씨로 통일을 해?"

"예리는 어떠니? 니 성을 이씨로 통일하면 이상할까?"

"이상함다. 왜 제 성을 함부로 바꾸나요?"

북녘을 떠난 사람들이 남녘에 입국하려면 합동심사조사기관에서 개인 출생지와 이름, 경력 등을 기록한다. 북녘에서는 '리'씨 성을 썼던 사람들도 본인의 의사와 관계없이 일괄적으로 '이'씨로 등록된다. 북녘에서는 '리려화'였는데 '이여화'로 기록된 주민등록증을 받으면 낯설게 느껴질 것이다. 이는 개인의 의사와 관계없이 일률적으로 이루어지는 것이어서 문제가 될 수 있다. 그런데 아직도 북녘 출신에 대한 편견이 남아 있는 상황에서 '리려화'란 이름으로 살 경우 원하지 않는 차별이나 불이익을 당할 수도 있다.

남북정상회담을 보도할 때 김정은 위원장의 부인의 이름과 호칭을 어떻게 할지에 대해서도 많은 논란이 있었다. '리설주'인지 '이설주'인지, '여사'인지 '씨'인지. 공식적으로 정해진 것은 없지만 북녘의 표기와 발음대로 '리설주'로 하고 호칭도 '여사'로 하는 것이 대세가 되었다.

'이상하다' 혹은 '이상하지 않다'를 판단하는 것은 쉽지 않은 문제다. 사전을 찾아보면 '이상하다'의 뜻은 여러 가지다. 첫 번째 뜻은 "정상적인 상태와 다르다"라는 뜻인데 이 뜻에 의거하면 '양식'과 '량식' 중 어느 것이 이상한 것인지 가리기 어렵다. 수시로 변하기 마련인 말의 특성상 어느 것이 정상이고 어느 것이 비정상인지 알 수 없기 때문이다. '이상하다'의 두 번째 뜻은 "지금까지의 경험이나 지식과는 달리 별나거나 색다르다"인데 슬기나 예리는 이 뜻으로 알고 판단하고 있는 듯하다.

남녘 사람들에게 '량식'과 '료리'는 지금까지의 경험이나 지식과 다르다. 반대로 북녘 사람들에게도 '양식'과 '요리'는 그들의 경험과 지식에 비춰보면 이상하다. 이상하다고 느끼는 것은 당연한 것이지만 다르다는 이유로 차별이나 다툼이 생겨나는 것은 바람직하지 않다. 그렇다고 이 문제를 방치하는 것 역시 올바른 선택은 아니다. 성씨를 '리'와 '이' 중에서 선택해서 쓰는 것은 개인에게 맡겨둘 수 있지만 같은 단어를 다르게 말하는 것은 의사소통에 장애가 될 수 있다.

"리 선생님, 여기 말로 아이는 만든다고 합니까, 아니면 생긴다고 합니까?"

"뭔 뚱딴지 같은 말입니까? 아이가 물건입니까, 만들게? 결혼해서 살다보면 생기는 거디요."

"그렇죠? 예리도 두 분 사이에서 생겨나서 리씨 성을 이어받았고, 슬기도 우리 부부 사이에서 생겨나서 한씨 성을 이어받았고."

"말 돌리지 말고 똑부러지게 얘기하라요. 양식은 생겨난 거이고, 량식은 만든 거란 말이디요?"

말은 만들어내는 것이 아니고 생겨나는 것이다. 누군가 억지로 만들어내더라도 그 말이 널리 사용되리라는 보장이 없다. 말은 스스로 변화하는 것이지 누군가 변화시키는 것이 아니다. '량식'이 '냥식'이 되었다가 '양식'이 된 것은 누군가 의도해서 나타난 것이 아니다. 그런데 '양식'이 '량식'이 된 것은 의도적으로 변화시킨 결과이다. 규범을 만들어 강력히 시행한 결과 그것이 유구한 전통처럼 자리를 잡았다고 할지라도 진짜 전통은 아니다.

머지 않아 이씨와 리씨가 만나 한 지붕 아래 살게 되기를 간절히 바라고 있다. 이씨와 리씨가 함께 살게 되면 양식과 요리를 먹어야 할까, 아니면 량식과 료리를 먹어야 할까? 식구는 같은 성씨를 가진 사람들로 구성된다. 그리고 같은 밥상에 둘러앉아 먹어야 식구라고 여겨진다. 이씨는 양식을 준비하고 리씨는 료리를 만드는 것은 우습다. 만들어진 맛보다는 드러나는 맛이 중요하듯이 만들어진 말보다는 생겨난 말이 더 정겹게 느껴진다.

사전과 사이시옷

사전은 세대를 나누고 사이시옷은 남북을 가른다

"예리야, 빵 어딨어? 왜 사전에 없어? 빵이란 말 안 써?"

"언닌 사전도 찾을 줄 몰라요? 만날 탁상형 콤퓨타로만 단어 찾았나보군요. 여기 있잖아요. 빵."

"빵이 왜 여기 있어? 쌍기역이 히읗 다음에 있어? 기역 다음이 아니고?"

"이게 맞지요. 히읗 다음이."

"모야……. 아빠 이 사전 왜 이래? 이상한 거 아냐?"

"이상한 게 아니라 그냥 다른 거라니까……."

예리네 집을 방문한 슬기가 두툼한 책 하나를 꺼내든다. 백과사전 크기와 두께의 《조선말사전》이다. 남녘 연구자들 사이에서는 여러 해 전부터 알려진 사전이라 새로울 것이 없는데 슬기는 관심이 가는 모양이다. 그런데 슬기가 난감한 표정을 짓는다. 찾는 단어가 없단다. 왜 '빵'을 찾으려 했는지 모르겠지만 아무리 찾아도 '빵'이 없으니 그럴 법도 하다. 실은 없는 것이 아니라 다른 데 있는 것이긴 하지만.

　남녘의 사전에서는 'ㅃ'이 'ㅂ' 다음에 배열된다. 그런데 북녘의 사전은 순서가 다르다. 'ㄱ'부터 'ㅎ'까지 차례로 배열된 후 'ㄲ, ㄸ, ㅃ, ㅆ, ㅉ'이 배열된다. 무엇이 맞을까? 사실 어느 것이 맞다 틀리다 할 기준은 없다. 세종대왕께서 한글을 창제하긴 하셨지만 자모의 이름을 붙이지 않았고 순서도 정하지 않았으니 '정통'은 없는 셈이다. 1523년 최세진이 《훈몽자회》를 지으면서 자모의 이름과 순서를 실어놓은 것이 오늘날까지 이어져온 것일 뿐이다. 'ㄱ, ㄴ, ㄷ, ㄹ…'의 순서는 오늘과 같은데 'ㄲ, ㄸ, ㅃ, ㅆ, ㅉ'는 목록에 없다. 1933년 맞춤법 통일안을 제정해 겹쳐 쓴 자음을 홀로 쓴 자음 뒤에 배치하면서 비로소 순서가 결정됐다. 그런데 북녘에서 독자적인 사전을 만들면서 순서를 바꿔 겹자음들을 'ㅎ' 뒤에 배치한 것이다.

　　북녘에서의 조선말(한글) 쓰기 및 읽기 교육은 '유치원 높은 반'에서 시작된다. 유치원에서는 자음과 모음을 먼저 교육하고 간단한 단어 쓰기를 가르친다. 유치원 입학은 강제성이 없어 농촌지역을 비롯한 일부 부모들은 집에서 한글을 가르치기도 한다. 그러나 만 7세가 되면 반드시 소학교에 입학해야 한다. 소학교 1학년 국어시간에 입학생들은 수준에 관계없이 'ㄱ, ㄴ, ㄷ, ㄹ'부터 다시 배우며 단어 쓰기 연습을 숙제로 내준다. 숙제 검사는 엄격히 진행되는데 보통 '누나' '기러기' 등 한 단어를 30번 이상 쓰도록 한다. 조선말 교육이 제대로 되도록 학교에서는 학생들의 단어 숙제장에 학부모의 확인을 받아오도록 한다. '어머니 보았습니다'라는 확인이 적힌 숙제장에는 다시 담임선생님의 보충 의견이 더해진다. '학생이 글씨를 곱게 잘 썼습니다'라고 칭찬하거나 '오늘은 글씨 숙제를 3장 써야 하는데 한 장밖에 해 오지 않았습니다'라는 식으로 훈육을 요구하기도 한다.

다시 한 번 따져 보아도 역시 어느 쪽이 맞는지 답을 하기 어렵다. 글자만 고려하면 'ㄱ' 뒤에 'ㄲ'이 와야 할 것 같다. 그런데 세종대왕의 의도를 고려해보면 'ㅋ'이 'ㄱ'이나 'ㄲ'의 뒤에 와야 하니 이 또한 절대적인 것은 아니다. 언어학적으로는 'ㄲ'이 'ㅎ' 뒤에 오는 것이 맞는 것으로 생각된다. 그러나 한글 자모의 순서를 정한 최세진의 의도를 반영하면서 언어학적 기준을 더 엄밀히 적용하자면 'ㄲ'은 'ㅇ' 뒤에 와야 하는 것일 수도 있다. 군이 잘잘못을 따지자면 1933년 통일안을 따르지 않고 북녘에서 독자적인 순서를 정한 것을 지적할 수 있을 뿐이다.

"근데 언니, 기역이 뭐야요? 기윽이지."

"우린 기역이라고 하는데? 그럼 디귿하고 시옷은? 나도 이건 늘 헷갈렸는데."

"기윽과 한가지로 디읏, 시읏이야요. 다 이와 으를 붙이면 된단 말이야요."

"그거 외우기 편하겠네."

최세진의 또 한 가지 작업은 자모의 이름을 정하는 것이었다. 세종대왕은 자모의 이름을 따로 정하지 않았으므로 'ㄱ, ㄴ, ㄷ, ㄹ…'

등을 '그, 느, 드, 르…' 또는 '기, 니, 디, 리…' 정도로 읽었으리라 추정된다. 이것으로는 부족하다고 느꼈는지 최세진은 자음의 이름을 따로 정해주었다. 사실 최세진은 각각의 자음이 어디에서 어떻게 소리 나는가를 밝히고자 했던 것인데 그것이 자음의 이름이 되었다. 즉 당시 사람들이 한자에 대한 지식이 있기 때문에 한자로써 한글 자음의 소리를 보이고자 한 것이다.

최세진은 모음 'ㅣ'와 'ㅡ'를 붙여 초성과 종성에서 어떤 소리로 나는가를 보이고자 했다. 'ㄴ'을 예로 들면, '尼隱니은'으로 쓰고 '니'에서 초성의 소리를 보이고 '은'에서 종성의 소리를 보인 것이다. 당시 사람들이 한자 대신 영어를 알았다면 'gag객' 'dad댇'과 같이 썼을 것이다. 그런데 최세진은 'ㅇ'까지만 '異凝이응'처럼 두 글자로 소리를 보여놓고 'ㅈ, ㅊ, ㅋ…'는 '之지, 齒치, 箕키…'와 같이 한 글자로 소리를 보이고 있다. 'ㅈ, ㅊ, ㅋ…' 등은 종성에서 발음이 되지 않기 때문이다.

남녘에 《표준국어대사전》이 있다면 북녘에는 《조선말대사전》이 있다. 본래 뿌리가 같은 말인데 한쪽에서는 '국어'라 부르고 다른 한쪽에서는 '조선말'이라고 부르는 것이다. 두 사전 모두 분단 이전에 만들어진 사전을 바탕으로 했지만 표제어 선정부터 뜻풀이까지 다른 점이 꽤 많다. 양쪽의 어문규범이 다르기 때문에 같은 표제어라도 표기가 달라 서로 다른 위치에 있다. 또한 사전의 배열 순서도 다르므로, 처음 보는 이들은 해당 단어가 어디에 있는지 찾기 쉽지 않을 수도 있다. 이런 이유로 통일된 사전의 필요성이 오래전부터 대두되었다. 2004년 '겨레말큰사전 공동편찬 위원회'가 결성되어 《겨레말큰사전》 편찬을 위한 작업이 진행되고 있다. 남북관계 및 서로의 입장 차이로 많은 어려움을 겪어왔지만 의미 있는 성과를 내왔고 앞으로 더 큰 어려움 속에서도 통일 사전을 편찬해낼 것으로 기대된다.

그런데 'ㅣ'와 'ㅡ'를 붙여 소리를 보이기로 했지만 문제가 있었다. 원칙대로 하려면 'ㄱ, ㄷ, ㅅ'은 각각 '기윽, 디은, 시읏'이 되어야 한다. 그러나 오로지 한자를 써서 소리를 밝혀야 하는 상황인데 '윽, 은'으로 읽히는 한자가 없는 것이다. 할 수 없이 최세진은 'ㄱ'은 '윽'과 발음이 비교적 가까운 '役역'을 써서 '其役기역'으로 나타냈다. 그런데 'ㄷ'과 'ㅅ'을 종성으로 가지는 한자가 없기 때문에 이 두 자음은 이마저도 불가능하다. 결국 'ㄷ'은 '末'을 쓰고 'ㅅ'은 '衣'을 써서 한자의 음이 아닌 뜻으로 읽도록 했다. 당시의 발음으로는 각각 '귿'과 '옷'이니 '디귿'과 '시옷'이 되는 것이다.

1933년의 맞춤법 통일안을 만들면서 'ㅈ, ㅊ, ㅋ…' 등은 최세진이 쓴 방법에 따라 '지읒, 치읓, 키읔…' 등으로 이름을 정했다. 그리고 'ㄱ, ㄷ, ㅅ'은 최세진의 표기대로 자모의 이름을 정했다. 분단 이후 북녘에서는 독자적인 규범을 만들 때 이 부분이 마음에 들지 않았는지 모두 '기윽, 디은, 시읏'으로 통일해버렸다. 이 또한 선택의 문제일 뿐 옳고 그름의 문제는 아니다. 1933년의 맞춤법 통일안은 최세진의 표기를 존중한 것이고, 북녘의 규범은 통일성을 추구한 것일 뿐이다. 굳이 시비를 삼자고 한다면 통일안을 따르지 않은 북녘의 '변절'과 체계적이지 않은 이름을 따르는 남녘의 '고집'을 끄집어낼 수 있을 것이다.

"근데 언니, 남녘에서는 쌍기역이라 하나요? 우리는 쌍이 아니라 된을 붙입니다. 그래서 된기윽, 된디은, 된시읏 이리 말해요."

"된소리니까 된을 붙이는 거야? 우리는 글자가 쌍으로 있으니까 쌍을 붙인 거구."

"슬기야, 예리야. 쌍을 붙인 것과 된을 붙인 것 중에서 어느 게 더 나은 것 같아?"

"아빠, 꼭 1, 2등을 가려야 해? 둘 다 쓰면 안 돼?"

"아저씨, 뭐든 일 없어요. 쌍은 귀엽고 된은 뜻이 잘 알린단 말이야요."

겹자음을 일컫는 말도 남녘과 북녘에 차이가 있다. 북녘에서는 맞춤법 통일안과 다르게 '쌍' 대신 '된'을 붙였다. 이것 또한 글자의 모양을 고려할 것인가 소리를 고려할 것인가의 차이이다. 같은 글자를 겹쳐 썼으니 모양으로 보면 '쌍'이 어울린다. 반대로 'ㄲ'은 'ㄱ'의 된소리이니 소리를 고려하면 '된'이 어울린다. 전반적으로 북녘에서는 규범을 새로 정할 때 언어학적인 면과 규칙성을 강조했다는 인상이다.

한 번 정해진 규범은 그대로 유지해야 안정성이 있다는 주장과 정해진 규범이라 할지라도 보다 합리적으로 개선해야만 현실성이 있다는 주장이 충돌하곤 한다. 어느 쪽이 옳은가는 영원히 답을 할 수 없다. 규범이 바뀌면 규범으로서의 안정성이 흔들린다. 반면에 규범이 합리적이지 않고 현실에 부합하지 않으면 현실성이 떨어진다. 안정성과 현실성 사이에서 널뛰기를 할 수밖에 없는데 이 사안에 대해 남녘은 안정성을, 북녘은 현실성을 추구하고 있는 것이다.

어른들은 이 문제를 두고 티격태격 하고 있다. 자모의 순서를 어떻게 정할 것인가, 이름은 어떻게 정할 것인가를 두고 서로가 옳다 그르다를 반복하고 있는 것이다. 이 문제에 대해서는 오히려 어린 슬기와 예리가 더 현명하고 포용적이다. 둘 다 이해 가능하고 둘 다 받아들일 수 있다고 말한다. 사실 아이들이 느끼듯이 그리 중요한 문제도 아닌데 어른들이 괜히 싸우고 있는 것일 수도 있다. 그런데 모음의 배열과 사이시옷 문제에 대해서도 아이들은 관용의 태도를 보여줄까?

"슬기야, 잇몸 한 번 찾아봐."

"잇몸은 왜? 음… 여기쯤 있어야 하는데…….."

"언니, 맨 뒤에서 찾아야지 왜 엉뚱한 데서 찾아요?"

"어? 아빠, 이건 더 이상해. 이응이 왜 시옷 다음이 아니라 한참 뒤에 있어?"

남녘 사람들이 북녘의 사전을 볼 기회가 있다면 한 번쯤 겪을 만한 문제이다. '잇몸'이 'ㅇ'으로 시작되니 남녘의 사전에서는 'ㅅ' 다음에 배열된다. 그런데 북녘의 사전에는 'ㅎ' 뒤에 겹자음을 배치해 놓고, 겹자음 'ㅉ'이 끝나고 난 뒤에야 비로소 '아, 야, 어, 여…'가 나오기 시작한다. 어찌 보면 황당하다고도 느껴질 수 있는 일이다.

왜 이런 일이 벌어진 것일까?

이것 역시 글자와 소리의 문제다. '아가'라는 단어는 조화와 균형을 강조하는 세종대왕 덕에 이렇게 쓰고 있지만 소리만을 고려하면 'ㅏ 가'라고 써야 한다. 즉 '아가'의 'ㅇ'은 소리가 없지만 초성 자리를 비워두지 않기 위해 채워넣은 자음이다. '앙'은 글자상으로는 두 개의 'ㅇ'이 쓰였으나 소리가 나는 것은 종성의 'ㅇ'뿐이다. 이런 점을 고려하면 사전에서 'ㅅ' 다음에 'ㅇ'이 오는 것이 오히려 이상한 것이다. 세종대왕 때처럼 옛이응(ㆁ)을 쓴다면 모를까 옛이응이 사라진 오늘날 'ㅅ' 다음에 '아, 야, 어, 여…'가 오는 것은 소리 면에서는 자연스럽지 않다. 이런 이유로 북녘에서는 소리를 고려해 '아, 야, 어, 여…'를 맨 뒤에 배치한 것이다.

"아빠, 그래도 없어. 이에 시옷을 한 잇몸이 없어. 여기선 이 말을 안 쓰나봐."

"언니, 이에 시옷을 왜 써요? 여기 잇디 않아요."

"아니, 이건 이몸이잖아. 너는 인몸이라고 발음하고 있으니 시옷이 있어야지."

"이하고 몸하고 합체진 건데 시옷이 왜 필요해요?"

"사이시옷 몰라? 사이시옷!"

이대로 두었다가는 싸움이 날지도 모르겠다. 그러나 남과 북이 만나면 언젠가 일어날 싸움이기도 하다. 사이시옷이라고 부르는 이 문제는 국어학자들을 무척이나 애 먹이는 문제다. 단어와 단어가 만나서 새로운 단어가 만들어질 때 소리의 변화가 나타나는 경우가 있다. '해'와 '볕'이 만나서 만들어진 단어는 [해뼌]으로 발음된다. '내'와 '물'이 만나면 [낸물]로 발음된다. 본래 단어대로라면 [해볃]과 [내물]로 발음되어야 하는데 된소리가 나타나기도 하고 없던 소리가 생겨나기도 하는 것이다. 이런 이유로 오래전부터 두 단어 사이에 'ㅅ'을 넣어 '햇볕' '냇물'과 같이 써왔다.

그러나 이것은 규칙적이지가 않다. 된소리가 나는 경우도 있고 그렇지 않은 경우도 있다. 이미 경험한 '빨래방'처럼 남녘 사람들은 [빨래방]이라고 발음하고 북녘 사람들은 [빨래빵]이라고 발음한다. 시대, 지역, 사람에 따라 발음이 다르니 일괄적으로 사이시옷을 넣을 수도 뺄 수도 없다. '가을비'는 [가을삐]로 발음되니 '가읈비'라고 적어야겠지만 이렇게 적는 것도 어색해 보인다. 심지어 '고기집'과 '고깃집'은 사이시옷 하나로 뜻이 달라지기도 한다. 하나의 원칙을 정하기도 어렵고 그 원칙을 모두에게 납득시키기도 어렵다.

어느 누구도 만족하지 못하고 불만을 표하는 규정이지만, 1933년에 맞춤법 통일안을 정하면서 나름대로 세운 기준이 남녘에서는 오늘날까지 이어져오고 있다. 그런데 북녘에서는 새로운 규범을 만들어 아예 사이시옷을 없애버렸다. 단어가 합쳐질 때 된소리가 나든 없던 소리가 첨가되든 관계없이 사이시옷을 쓰지 않는다. 그러니 '햇볕'과 '냇물'이 '해볕'과 '내물'로 표기된다. 마찬가지로 슬기가 찾고 있는 '잇몸'도 '이몸'으로 표기되니 남녘의 사전과는 다른 위치에 오르게 된 것이다.

뭔가 화끈해 보이는 이 조치는 과연 좋은 것일까? 규정을 만들고 또 만들어도 불만인 남녘의 사이시옷 규정보다는 간단해서 좋아 보일 수도 있다. 그러나 이렇게 되면 글자가 곧 소리인 한글의 장점을 포기해야 하는 상황에 이르게 된다. '이몸'이라 써 있는 것을 [인 몸]이라 읽어야 하는데 이 단어를 아는 사람은 이렇게 읽을 수 있지만 모르는 사람은 제대로 읽을 수 없게 된다. '내가 재더미'의 경우 발음에 따라 뜻이 달라질 수 있는데 누군가 [내까]가 아닌 [내가]로 읽는다면 엉뚱한 의미가 돼버린다. 북녘에서도 이러한 문제 때문에 '샛별, 빗바람, 샛서방' 등은 사이시옷을 인정하기도 했다.

사회 특성상 규범이 큰 힘을 발휘하는 북녘과 달리 남녘에서는 이 문제를 두고 많은 논쟁과 혼란이 초래되기도 했다. 사이시옷의 원칙을 정해놓고 그에 따라 맞춤법을 정하니 '소수素數' '등굣길' 같은 단어들이 문제가 되었다. 1과 그 자신만을 약수로 가지는 수는 [소 쑤]로 발음되니 과거에는 '솟수'로 썼다. 그런데 이 단어는 '소수小數'와 마찬가지로 한자어이니 사이시옷이 필요 없다. 학교로 가는 길은 [등교낄]로 발음되니 사이시옷을 넣어 '등굣길'로 써야 한다. 이러한 변화는 이미 '솟수'라는 표기에 익숙해진 사람들과 '굣'이라는 글자를 어색해하는 사람들로부터 엄청난 공격을 받았다.

"얘들아, 사전에 단어를 올리는 순서를 어떻게 하는 게 좋을까? 예리는 당연히 북녘식이지?"

"옳아요. 제가 남녘 사전을 보면 슬기 언니처럼 바보가 되지 않갓나요?"

"그럼 슬기는 남녀식?"

"맘대로 하셔. 난 스마트폰으로 찾아보면 되니까."

저 못된 녀석! 아빠한테 하는 말투가 늘 저런 식이다. 그런데 말투보다 말 속의 내용이 더 세게 뒤통수를 친다. 저 녀석은 사전에 대한 인식이 나와 근본적으로 다르다. 크고 두껍고 무거운, 혹은 침을 묻혀 넘기느라 때가 묻은 사전은 애초에 머릿속에 없다. 그저 모르는 단어를 써넣으면 주르륵 뜻이 나오는 사전만 안다. 종이 사전이 사라지지야 않겠지만 앞으로의 사전은 결국 슬기의 머릿속에 있는 것과 같은 형태가 될 수밖에 없다. 이런 것을 생각해보면 올림말의 순서를 두고 고민하는 것이 부질없어 보인다.

"사이시옷은 어때? 소수라고 써놓고 어느 때는 소수라고 읽어야 하고 어느 때는 솟수라고 읽어야 하는데 안 헷갈렸어?"

"지난번에도 얘기했잖아요? 우리는 씨수라고 하니 일없어요."

"왜 헷갈려? 우린 첨부터 그렇게 배웠어. 데시멀dicimal은 소수고 프라임넘버prime number는 솟수고."

"아쭈, 영어 좀 쓰네. 그럼 등굣길은 시옷을 넣을까 말까?"

"그것도 맘대로 하셔. 걍 우린 정해주는 대로 외울게. 난 처음부터 사이시옷이 있는 걸로 배웠는데 뭘."

슬기는 그저 귀찮은 것이 싫어 던진 말일 텐데 의외로 귀담아들을 만하다. 사이시옷 문제는 영원히 풀 수 없는 매듭과 닮았다. 풀리지 않는 문제에 쓸데없이 매달리지 말라는 것으로 들린다. 칼로 싹둑 자르거나 멀리 던져 놓으라는 말이기도 하다. 정말 해결을 원한다면 둘 중의 하나이다. 규범을 정하지 않거나 아예 강력한 단일 규정을 만들어 강제적으로 시행하는 것이다. 물론 그런다고 모든 논쟁이 사라지는 것은 아니다. 그 이후에도 끊임없이 문제제기가 이루어질 것이다.

그래도 한 가지 분명한 것은 있다. 과거가 아닌 미래를 봐야 한다는 것, 그것이다. 종이 사전을 모르는 아이들이 볼 사전을 두고 올림말 순서를 왈가왈부하는 것이 무슨 의미이겠는가? 스펀지처럼 모든 것을 빨아들이는 아이들은 정해진 대로 배워나갈 뿐인데 이미 배운 사람들, 그리고 그것을 포기하지 못하는 사람들의 기준으로 싸우는 것은 의미 없는 일이다. 통일은 과거에 하나였던 시절로 돌아가는 것이지만 통일이 되는 시점은 과거가 아닌 미래다.

욕설과 구호

그러나 일상의 말은 잔잔하고 맑다

"이 미물 아야 사람 구실 하라야. 오구라딘 건발기 파는 게 어디 있니야, 양심 쩨보 같은 게."

"이 엠나 니 말 다 했니? 성성한 건발기 마사지게 해놓고 왜서 내게 이러니?"

"머 어드래? 이 백당 간나, 멧돼지같이 생긴 게 교활 뺑수는 너구리 같구나 야. 내가 넘어갈 줄 아니 야."

"니 싸쓰개재? 꺼렁배같이 어쩨 이러니? 니가 마사지게 했으니 약전재이한테 고쳐 쓰라!"

"이 백당 간나 대상하디 못 하갓구나. 모가지 꺾어서 밑구녕에 꽂기 전에 아가리 다물라."

아침 일찍 찾은 장마당, 전자제품을 파는 매대가 시끄럽다. 헤어드라이어를 사이에 두고 장사꾼과 손님이 싸움이 붙었다. 손님은 고장난 물건을 팔았다고 따지고, 장사꾼은 고장을 냈으니 고쳐 쓰라고 맞대응한다. 그런데 말이 점점 험해진다. 미물에게 사람 구실을 하라고 할 때는 괜찮았는데 어느 순간 짐승, 미친 사람, 거지, 백정 등이 다 동원되더니 급기야 신체의 이곳저곳이 동원된다.

"슬기야 귀 막으라. 저런 말은 아이 듣는 게 좋다."

"놔두세요. 들어도 잘 모를 텐데요."

"한 선생님은 알아듣슴까?"

"장사꾼은 예리 어머니처럼 함경도 사람이네요, 손님은 여기 사람이구."

"내 부끄럽어서 그럼다. 왜서 저리 말을 심하게 하는지 모르겠슴다."

"평안도 아즈마니랑 함경도 아즈마이랑 누가 더 셉니까?"

"그게 지역이 문젬까? 사람이 문제지요."

'오구라디다'는 평안도말이고 '마사지다'는 함경도말인데 모두 '부서지다' 혹은 '고장나다'란 말이다. '엠나'나 '싸쓰개'란 말이 시원스럽게 터져나오는 것을 보니 가게 주인은 함경도 사람이 분명한데 꽤나 세게 나온다. 이에 '백당 간나'로 맞대응하면서 더 험하게 받아치는 것을 보니 손님도 막상막하다. 예리 어머니 말마따나 지역의 문제가 아니라 사람의 문제다. 아니, 상황에 대한 분노의 정도가 문제다.

'엠나'나 '싸쓰개'는 중국 동포들이 등장하는 영화를 통해 꽤나 익숙해진 말이다. '엠나'는 젊은 여자를 가리키는 말인데 주로 욕을 하거나 나무랄 때 쓰는 말이니 결코 좋은 말이 아니다. 평안도말에 나타나는 '에미네' 또한 같은 계열인데 자신이나 남의 아내를 낮추어 부를 때 쓴다. '싸쓰개'는 미친 사람을 가리키는 말인데 어원이 다소 불분명하다. 상황에 맞지 않게 마구 억지를 부린다는 뜻의 '새를 쓰다'라는 표현이 함경도말에 있는데 여기서 유래했다고 하는 사람도 있다. 남녘에서 쓰는 미친 사람보다 훨씬 더 강한 의미이니 사실은 사람에게 대놓고 쓸 말은 아니다. '꺼렁배'는 남녘말로는 '거렁뱅이'로, 욕에 흔히 등장하는 '거지'의 뜻이다. '약전쟁이'는 욕은 아니고 전자제품을 고치는 사람을 가리키는 말로 평안도에서 쓰인다.

잠깐 사이에 들은 것이긴 하지만 욕은 남녘이나 북녘에 큰 차이가 없다. 정상적이지 않은 사람, 언급하기를 꺼리는 신체 일부, 동물 등을 가리키는 말을 동원한다. 여기에 낮은 신분을 일컫는 말도 더해진다. '백당'은 '백정'의 평안도말이다. 그리고 분노가 심해지면 여러 가지 것을 조합해 '목을 꺾어 항문에 꽂는다'와 같은 무시무시한 표현도 해버린다.

"좀 간나 새끼는 여기서 자주 쓰는 욕인가요?"

"평안도는 아니고 함경도에서 주로 쓰는 욕입니다. 간나는 평안도에서도 쓰는데 여하튼 이 욕은 함경도에서 자주 들었슴다."

"여기서 자주 쓰이는 욕들은 또 뭐가 있나요? 애들이 들어도 되는 좀 약한 걸로만 해주세요."

"욕은 배워 어디에 쓰자고 함까? 시라지, 할끄베기, 메주덩이 뭐 이런 거 말임까?"

"시라지는 무우청 말린 거고, 할끄베기는 사시를 가리키는 말인가요?"

"남조선말로 머라 하는지 모르겠지만 맞갔지요. 씩새리, 호비, 서림이도 욕에 쓰임다. 그리고 사십구호도 많이 들을겜다."

영화 속의 대사는 전형성이 있기 마련이다. 한국전쟁을 배경으로 한 영화, 한국전쟁 이후이더라도 북녘의 군인이나 간첩이 나오는 영화라면 그들의 첫 마디는 무조건 '종 간나 새끼'라는 전형적인 대사로 시작된다. 어떤 영화에서 처음 시작된 것인지는 모르나 이 함경도 지역의 욕이 인민군이라면 반드시 사용해야 하는 것처럼 되어버렸다. 지역은 그렇다 치고 욕이 담은 내용을 보면, '종'은 노비 신분을 표현한 것이고 '간나'는 여성을 가리키는 말이며 '새끼'는 어린아이이니 연령에 관한 말이다. 이렇게 신분·성별·연령 모두를 비하하는 말이 북녘 지역의 욕을 대표하고 있어, 북녘말에 대한 선입견에 한몫한다.

시라지, 할끄베기, 메주덩이는 모두 외모를 비하하는 말이다. 시래기든 우거지든 늘 축 처진 모습이니 욕이 될 법도 하다. 사시는 아주 많은 방언형이 나타나는데 북녘에서는 '고래눈이, 베울눈이, 새뜨개, 싸아재, 할끄베기' 등이 쓰인다. 방언 자료집이나 사전에는 남겨야겠지만 굳이 배워서 쓸 단어는 아니다.

'씩새리'는 뭘까? 방언 자료집을 찾아보니 '귀뚜라미'의 평안도 말이다. 남녘에서는 귀뚜라미가 욕으로 쓰이는 일이 없는데 북녘에서는 흔히 들을 수 있다. '호비'와 '서림이'는 또 뭘까? 자료집을 아무리 뒤져도 나오지 않는다. 당연하다. '호비'는 북녘에서 선풍적인 인기를 끈 애니메이션 〈소년 장수〉에 나오는 악역 '호비'이고 서림이는 소설 《임꺽정》에 등장하는 모사꾼이다. 호비는 악역이지만 〈소년 장수〉의 인기 캐릭터이다. 그러나 사람에게 쓰일 때는 못생긴 사람을 가리키는 욕이 된다. 서림이는 임꺽정의 오른팔이었다가 나중에 배신하고 임꺽정을 관군에게 밀고하는 자로 나온다. 욕을 이해하려면 애니메이션이나 문학 작품도 알아야 하는 상황이다.

'사십구호'는 더더욱 난감하다. 북녘 사람들이 흔히 쓰는 욕인데 이곳 물정을 잘 모르면 절대로 이해할 수 없는 욕이다. '사십구호'는 남녘의 말로는 '청량리'에 해당된다. 요즘 젊은이들은 이 뜻을 모르겠지만 과거에 청량리는 정신병원의 대명사였다. 청량리에 정신병원이 있다보니 '청량리로 보내야 할 사람' '청량리에 다녀온 사람'은 곧 미친 사람이라는 의미였다. 평양에도 정신병을 전문적으로 치료하는 병원이 있는데 바로 '49호 병원'이다. 이런 정황을 알아야 이 욕의 의미를 이해할 수 있다.

"이쪽 구호를 보면 원쑤라는 말이 자주 등장하는데 이것도 사투리인가요?"

"그게 뭐 사투리이겠슴까? 그냥 말을 쎄게 하다나니 그리 된 거 아이겠슴까?"

"각을 뜨자, 찢어 죽이자, 쓸어버리자, 까부수자 이런 말들을 일상생활에서도 씁니까?"

"한 선생님은 그런 말 쓰시나요? 여기서도 주변에서 직접 들은 적 있슴까?"

"아뇨, 깃발이나 포스터에 적힌 구호에서 본 것들입니다."

"구호는 구호 아니겠슴까? 일상에서 원수를 만날 일이 없는데 왜서 그리 말하겠슴까?"

'원쑤'는 '종 간나 새끼'만큼 남녘 사람들에게 익숙한 말이다. 붉은 색 천에 흰 페인트로 꾹꾹 눌러 쓴 이곳의 구호에 심심찮게 등장한다. 본래 한자어 '원수怨讐'일 텐데 이쪽에서는 강한 느낌을 주기 위해 된소리를 쓴 것으로 보인다. 다행히 '원쑤'는 남녘의 동족을 겨눈 말이 아니라 미국에게 쓰는 말이니 마음이 조금 놓이기는 하지만 섬뜩하기는 마찬가지다. 정말 '원수'라면 쉽게 회복될 수 없는 관계이니 더 그렇다.

'원쑤'에 이어져 나오는 구호는 '각을 뜨자'인데 말뜻을 보자면 정말 끔찍한 말이다. 이 말은 짐승을 잡은 뒤 머리, 다리 등으로 해체하는 것을 가리키는데 '찢어 죽이다'와 다를 바가 없는 말이다. 이보다 강도는 좀 약하지만 '쓸어버리다' '까부수다'도 결국은 증오의 대상을 샅샅이 없애자는 것이니 예사로 듣고 넘기기에는 무서운 말이다. 그러나 예리 어머니의 말대로 구호는 구호일 뿐 일상에서 들은 기억은 없다. 물론 장마당에서 핏대를 올리고 싸우는 경우는 예외다.

구호는 어느 사회에나 다 있다. 시위 현장에서 외치는 주장도 구호고, 술자리에서 건배를 하며 외치는 말도 구호다. 북녘에서 보고 듣게 되는 구호는 확실히 무섭고 거칠다. 그러나 구호는 구호로 봐야지 일상의 말로 봐서는 곤란하다. 이런 구호가 어떤 상황에서 만들어졌는지, 그 목표가 무엇인지 생각해봐야 한다. 구호의 목적은 선전과 선동이다. 이왕 선전과 선동을 하려면 화끈하게 하는 것이 좋다. 화끈함을 추구하다보면 점점 더 강하고 험한 말들이 동원될 수밖에 없다. 그래야만 적개심을 고취시켜 목적을 이룰 수 있다.

결국 말의 문제가 아니라 상황의 문제다. 이처럼 거칠고 험한 말 자체를 문제로 삼기보다는 상황을 먼저 고려해야 한다. 본디 맑고 잔잔하게 흐르던 물에 갑자기 소나기가 내리면 물살이 험해지고 누군가 자맥질을 하면 물이 탁해진다. 소나기가 그치고 자맥질이 멈추면 본래의 잔잔하고 맑은 물로 돌아온다. 남녘에서 거칠다고 두려워하거나 험하다고 비난하는 말들은 소나기와 자맥질 뒤의 말일뿐이다. 지역마다 조금씩 차이는 있겠지만 본래의 말, 그리고 일상의 말은 잔잔하고 맑다.

"한 선생님은 왜서 그런 정치 깜빠니아 구호만 봄까? 저기 경제 깜빠니아 구호도 봅소."

"두벌 농사를 대대적으로 발전시키자. 경공업이 용을 쓰는 해, 인민들이 경공업의 덕을 보는 해로 되게 하라. 온 나라에 체육 열풍이 차 넘치게 하자. 허허, 구호들이 하나같이 다 귀엽네요."

"농업생산에서 종자혁명을 기본 고리로 틀어쥐고 나가자는 어떻슴까? 언어혁명에서 상호리해를 기본 고리로 틀어쥐고 나가자로 바꿉소."

"허허, 저도 상호이해를 위해 용을 써 보겠습니다. 남북 양쪽에서 두벌 농사가 이루어져야겠지요?"

북녘의 구호는 지도자를 찬양하고 당의 정책을 선전하는 내용이 주를 이루는데 시기에 따라 그 내용이 다르다. 1970년대에는 '사상도 기술도 문화도 주체의 요구대로' '생산도 학습도 생활도 항일유격대 식으로' 등의 구호가 많이 보였다. 1980년대에는 '모두 다 80년대 속도 창조에로' '숨은 영웅들처럼 살며 일하자' 등의 구호가 유행했다. 농촌에서는 '모두 다 모내기 전투에로' '농장 포전은 나의 포전' '쌀은 곧 공산주의다' 등의 구호가 있었으나 '공산주의'라는 용어를 쓰지 말라는 지시가 내려오면서 없어졌다. 또 반미 교양을 강조하는 '미제침략자들을 소멸하라' '조국을 통일하자' 등의 구호도 있다. 학교에는 '세상에 부럼 없어라' '조선을 위하여 배우자' 등의 구호가 걸렸다. 식량을 관할하는 량정사업소에는 '량정은 정치 사업입니다'라는 교시가 구호로 붙었고, 산에는 '모든 산을 황금산 보물산으로 만들자'는 구호가 붙었다. 1990년대에는 '가는 길 험난해도 웃으며 가자' '모두 다 100일 전투에로' '모두 다 200일 전투에로' 등의 구호와 과학기술을 강조한 구호가 등장하였다.

예리 어머니가 벽에 붙어 있는 빛바랜 포스터를 가리킨다. 깜빠니아는 남녘말로 하면 캠페인이다. 원색의 그림에 두툼한 글씨가 특징인 포스터 속의 구호가 눈에 들어온다. 붉은 천에 흰색 글씨로 쓴 플래카드 속의 구호는 섬뜩했지만 포스터 속의 구호는 촌스러우면서도 귀엽게 느껴진다. '두벌 농사'는 이모작일 텐데 이것이 이곳 농업의 화두인가보다. '용을 쓰다'를 구호에 쓰는 것도 재미있

▌ 평양 거리에 붙은 구호 쓰인 포스터

고, '기본 고리' '차 넘치다' '틀어쥐다' 등에서 이곳 말의 특성이 잘 드러난다. 모두가 잘 먹고 잘살자는 구호인 만큼 거칠고 험한 표현은 발견되지 않는다.

"아줌마, 그 분홍 저고리 입고 뉴스 하는 아줌마 있잖아요, 왜 그렇게 무섭게 말해요?"

"이춘희 방송원 말이니? 무서워? 박력 있지 않니?"

"아뇨, 저는 좀 부드럽게 말했으면 좋겠어요. 얼굴도 좀 풀고요."

"야, 난 남녘 방송원들 방송하는 거 못 들어주겠더라 야. 어째 남자 방송원들도 그리 요사스럽게 말하는지."

"북녘에서는 남녘 아나운서들의 말투를 요사스럽다고 생각하나 보네요. 하긴, 방송 말투는 남녘에서 변화가 더 많이 일어난 듯해요."

— 욕설과 구호 —

방송 말투의 차이 때문에 남북 모두 서로의 방송을 보면 낯설어하거나 어색함을 느끼게 된다. 북녘 사람들은 남녘 방송의 말투가 너무 간드러진다는 느낌을 많이 받는다. 여성 진행자나 남성 진행자 가릴 것 없이 톤이 너무 낮고 박력이 없어 나약해 보인다고 말한다. 북녘에서는 감정을 이입해 격양된 목소리로 보도하는데 준전시 상황과 관련된 보도나 정령을 발표하는 보도는 한 자 한 자 또박또박 말하여 압도적인 분위기를 연출한다.

북녘 방송의 보도는 단조로운 화면 구성에 틀에 박힌 말투로 이루어져왔는데 최근에 변화가 감지되고 있다. 화면 구성도 다양해졌을 뿐만 아니라 정장 차림의 여성 아나운서가 노트북을 앞에 놓고 소식을 전한다. 뉴스 중간에 와이셔츠 차림의 남성 아나운서가 속보를 들고 들어와 전하기도 한다. 방송의 말투도 정치적·사회적 상황이 반영되는데 시간이 지날수록 북녘의 방송도 남녘의 방송을 닮아갈 가능성이 커 보인다.

슬기도 '핑크 레이디'로 서방에까지 알려진 이춘희 아나운서의 말투가 인상 깊었던 모양이다. 슬기뿐만 아니라 남녘 사람들 대부분이 북녘의 방송을 들으면 말투가 무섭다고 느낀다. 단어와 표현도 그렇지만 아랫배로부터 소리를 끌어올려 높내림이 심한 발성 때문이다. 게다가 발표하는 내용조차 무겁기 그지없으니 이렇게 느끼는 것도 당연하다. 그런데 슬기가 어색하다고 느끼는 이 말투는 사실 과거 우리 아나운서들의 말투이기도 하다. 선동적인 단어와 공격적인 표현만 빼고 말투만 들으면 1950년대 아나운서들의 말투와 지금 북녘 아나운서들의 말투에 유사한 점이 많다. 다시 말하면 지금의 북녘 아나운서들은 이상한 말투로 방송을 하는 것이 아니라 옛날 말투로 방송을 하는 것이다.

말은 변화하기 마련인데 급격한 사회 변화를 경험한 남녘에서 더 많은 변화가 일어났다. 일상에서의 말투는 녹음된 자료가 많지 않으나 영화, 뉴스, 드라마 등은 자료가 좀 남아 있어 오늘날과 비교가 가능하다. 이런 자료 속의 말투는 일상의 것과는 달리 과장되어 있는 등 특유의 말투를 보여준다. 분단 이전, 그리고 분단 초기의 자료는 이런 특성들을 공유하다가 어느 때부터인가 남녘에서 변화가 나타나기 시작한다. 뉴스에서는 톤이 낮아지고 과장된 요소가 줄어드는 등 일상의 말과 비슷해지는 변화가 생겼다. 영화나 드라마의 경우도 출연자의 말을 몇몇 성우가 대신하던 시기가 지나자 일상의 말과 많이 비슷해졌다. 이에 비해 북녘에서는 과거의 말투에서 큰 변화를 겪지 않은 것으로 보인다. 뉴스에서의 과장된 말투도 여전하고 영화나 드라마 속의 말투도 현실과 차이난다. 결국 남녘에서는 변화가 빠르고도 많이 일어나고 북녘에서는 느리고도 적게 일어난 차이인 것이다. 이러한 과정을 모른 채 남과 북이 서로의 방송을 보게 되면 어색하거나 이상하게 느끼는 것은 당연하다. 그러나 변한 것을 배신이라고 매도할 이유도 없고, 변하지 않은 것을 촌스럽다고 할 이유도 없다.

말의 변화는 비가역적인 경우가 많다. 이미 일어난 남녘에서의 변화가 다시 과거로 회귀할 가능성은 극히 낮다. 다행인지 불행인지 북녘의 방송에서 변화가 감지된다. '방송원'의 차림이 치마저고리가 아닌 양장으로 바뀌고, 뉴스의 포맷이나 말투도 많이 자연스러워지고 있다. 방송의 말투가 일상의 말투와 닮아가는 것이 자연스러운 방향이라면 북녘의 방송도 이러한 변화를 겪을 가능성이 크다. 여기에 과격한 구호 속의 거칠고 험한 말들을 쓰지 않아도 될 상황이 되면 이런 말들도 자연스럽게 사라지게 될 것이다.

"남녘에서는 사십구호를 뭐라 합니까?"

"당연히 미친 사람이라 하겠지만 요즘 말로 하면 '또라이'가 딱 어울리네요."

"또라이는 어디서 온 말임까?

"글쎄요. 돌아이에서 왔다는 사람도 있고 돈 아이에서 왔다는 사람도 있습니다."

"여기서는 안 쓰는 말인데 사십구호보다 더 쎈 말로 들립니다."

"그래도 싸쓰개보다는 약합니다. 귀엽게 봐줄 만하다고 쓰기도 하고요."

말을 배울 때 가장 먼저 배우는 것 중 하나가 욕설이다. 재미로 욕설을 배우기도 하지만 욕을 많이 먹는 상황에 놓여 자연스럽게 배우는 경우도 많다. 말이 통하지 않는 상황에 처하면 욕을 먹으니 더 그런지도 모르겠다.

은어

삶 속 깊이 들어가면 비로소 보이는 것들

"예리야, 돌림감기비루스, 이게 뭐야?"

"감기균이 돌아가면서 옮겨진다는 말이디요 뭐. 언니네는 다르게 쓰게요?"

"아, 인플루엔자 바이러스. 우리라면 걍 돌감비라 하겠다."

"그게 뭐야요, 영어인가요?"

"히히, 안알랴줌. 생선, 생파는 뭘까?"

"생선은 곰방 잡은 물고기구, 생파는 날파, 기리니까 죽시로 뽑아서 된장에 찍어먹는 거 맞디요? 아닌가요?"

"갑분싸나 애빼시 같은 별다줄보다는 쉬운 말인데⋯⋯."

슬기가 왜 저럴까? 예리를 붙잡고 참 못된 걸 가르치고 있다. 그동안 당한 것에 대한 앙갚음일까? 알 듯 모를 듯한 말을 접하고 물어볼 때마다 예리한테 핀잔 아닌 핀잔을 듣더니 이번엔 공세로 전환한 모습이다. 독감 바이러스에 대한 이야기를 듣고는 남녘에서 줄임말 만드는 버릇을 못 버리고 '돌감비'라는 해괴한 말을 만들어내고 있다. '안알랴줌'이야 어미가 이상해서 그렇지 그래도 문장을 이루고 있으니 알 법하지만 예리가 '생일선물'과 '생일파티'의 줄임말을 알아들을 리 만무하다. 한 술 더 떠서 '갑자기 분위기 싸해지다'나 '애교 빼면 시체'라는 '별 걸 다 줄인 말'은 아예 해독이 불가능할 것이다.

"한 선생님, 슬기 지금 뭐라 하는 겁니까? 저거이 조선말입니까?"

"우리말은 우리말이지요. 남녘의 요즘 젊은이들은 다 저렇게 말합니다. 못 알아들으면 아재 소리 듣습니다."

"아이들이 그런 말을 쓰게 그냥 둡니까? 엄하게 가르쳐야디 않가시오?"

"그게 되나요? 요새 애들 어른이 하는 말 안 듣습니다."

"조선말 선생이 뭐합니까? 이런 일에 일떠나서야 하는 거 아닙니까?"

남녘과 달리 북녘에서는 세대 간 언어 차이가 별로 없다. 일제 강점기를 경험한 세대는 쯔봉, 사루마다, 엽착, 몸뻬 등과 같은 일본말을 많이 섞어 쓴다. 그러나 외래어 배척운동이 벌어지면서 1980년 이후 이런 말들은 거의 없어졌다. 다만 북녘의 신세대들이 남녘의 영화를 보게 되면서 남녘의 어투를 따라하는 경향이 나타나고 있다. 물론 엄격한 통제 때문에 공식적으로는 남녘 말투를 사용하지 않는다. 그러나 젊은 남녀는 남녘의 말투로 애정을 표현하기도 한다. 젊은 연인들 끼리는 '오빠 지금 뭐하는데' 하면서 말꼬리를 늘여 남녘 말투로 말을 주고받기도 한다. 이 통화를 옆에서 엿들은 어머니는 '얘, 서울에서 전화 왔어?'이라며 남녘 말투를 쓰는 아이들에게 비아냥거린다.

슬기가 이해가 안 가는 것은 아니다. 얼마나 입이 근질근질할까? 친구들과 늘 떠들다가 이곳에 와서는 떠들 수 있는 상대라고 해봐야 예리밖에 없으니까. 그리고 마음대로 떠들었다가는 중간 중간 번역을 해야 하니까. 그런 줄임말을 쓴다며 엄마한테 가끔 꾸지람을 듣곤 했지만 슬기 입장에서는 버리기 어려운 버릇이다. 요즘 애들, 아니 요즘 젊은 사람들이 젊은 사람들이 일상용어로 너무도 당연히 쓰고 있는 말이니 자기 세대와의 소통을 위해서라도 알아야 할 말이기도 하다.

사실 예리 아버지의 핀잔을 받을 만도 하다. 아내는 슬기의 언어 생활에 주의를 주었지만 나는 오히려 그 말을 듣고 즐거워했으니 말이다. 젊은 사람들이 말을 어떻게 만들어나가고 있는가, 왜 그러한 변화가 나타나고 있는가에 관심이 많았으니 그것을 막아야 한다는 생각은 해보지 않았다. 심지어 이러한 변화가 우리말에 없었던 새로운 조어법을 개발해가는 과정이고 된소리를 많이 쓰는 것은 우리말의 블루오션을 개척하는 것이라고 오히려 부추기는 듯한 말도 했으니 나는 할 말이 없다.

— 은어 —

"리 선생님, 공타동무나 송팔사탕 아십니까?"

"아니, 한 선생님이 그런 말을 어찌 알고 쓰십니까? 여기 사람들도 공공연히 썼다가는 몰아주기 당하기 십상인데."

"허허, 저는 자료에서만 봤는데 실제로 쓰기도 하나보네요. '공개 타도해야 할 동무'랑 '송신동에서 팔골까지 한 시간이 넘도록 안 녹는 사탕'이란 뜻 맞나요?"

"거 쓰면 안 된다니까 왜 자꾸 쓰고 그럽니까? 애들이 배우가시오."

"쓰지 말란다고 안 쓰던가요? 남녁 사람들까지 알 정도면 많이 쓰고 있는 거 아닌가요?"

다행히 말머리와 비난의 화살을 돌리는 데 성공했다. 어느 사회에서나 마찬가지겠지만 이곳에도 은어는 존재한다. 앞에서는 열성 당원처럼 행동하면서 뒤에서는 빈둥거리는 당 간부들을 비꼬기 위해 은밀하게 '공타동무'라는 말을 만들어서 쓴다. 맛도 없고 잘 녹지 않는 사탕을 '송팔사탕'이라고 부르기도 한다. 이런 말을 공공연히 쓰면 핀잔이나 추궁을 당한다는 의미인 '몰아주기'의 대상이 될 수도 있지만 같은 생각을 가진 사람들 사이에서 이런 말을 쓰지 않으면 '왕따'라는 뜻의 또 다른 '몰아주기'를 당할 가능성도 있다.

북녁에서 '몰아주기'라고 표현하는 것의 남녁말은 '왕따'다. 생각해보면 '왕따'라는 말은 해괴하기 짝이 없는 말이다. 단어의 구성을 보면 '왕'은 한자 '王'일 텐데 정도가 심하다는 뜻으로 접두사처럼 쓰였을 것이다. '따'는 '따돌리다'에서 첫 글자를 따온 것임에 틀림없다. '심하게 따돌리다'라는 뜻이 통하기는 하지만 어법상으로

'왕따'는 영 이상한 단어다. 이 말이 신문에 등장하기 시작한 것은 1997년이니 벌써 20년이 더 된 말이다. 처음에는 단어 자체에 대한 지적도 많았고 이 단어가 가리키는 현상에 대한 지적도 많았는데 이제는 없어서는 안 될 말이 되었다.

말이 문제일까, 현실이 문제일까? 처음에는 '왕따'라는 말을 시비의 대상으로 삼다가 현실에서의 왕따가 너무도 심해지자 어느 순간부터는 말을 시비 삼는 사람들이 없어졌다. '집단 따돌림'이라는 말도 가끔씩 쓰이기는 하지만 대부분의 사람들이 '왕따'라는 말을 쓴다. 언어와 현실이 만났을 때 발휘되는 힘이다. 국어학자들이 아무리 어법을 논하더라도 단어가 그 현실을 적확하게 반영하고, 현실에서 그 단어를 요구한다면 막을 길이 없다. 단어의 운명을 현실이 결정하는 사례인 것이다. 북녘에서 '공타동무'나 '송팔사탕'이라는 말을 막으려 해도 막을 수 없는 이유 역시 같다.

"슬기야, 몰아주기라는 말을 남녘에서는 왕따라고 하는데 뜻이 알리니?"

"모르가시오. 그 말도 슬기 언니가 하는 말처럼 줄임말인가요?"

"웅. 왕 따돌린다는 말인데 여기 말로 하면 세게 몰아주기 한다는 말이야."

"그딴 말을 왜 쓰나요? 좋지 않은 말이야요."

"니네 또래 애들이 쓰는 말 중에 어른들이 알아 못 듣는 말 없어? 니네끼리 쓰는 말."

"그딴 말 안 써요. 선생님이 배워주는 말만 써요."

정말 없는 것일까? 그럴 리가 없다. 새 말을 만들어내고 자기들끼리 즐기는 것이 젊은 세대의 특징이자 특권인데 이곳이라고 다를까? 그래도 남녘보다는 덜한 듯하지만 이미 내 귀에 들어온 말이 여럿이다. 다리를 뜻하는 '11호차'는 교통수단이 부족한 현실을 은근히 드러내준다. 누룽지를 '고급과자'라고 표현하는 것이나 다닥다닥 붙어 있는 공동주택을 '하모니카 집'이라고 하는 것이나 모두 먹고 자는 것과 관련된 것을 슬쩍 비꼬는 표현이다. 집 없이 장마당을 떠도는 아이들을 가리키는 '꽃제비'나 행실이 문란한 젊은 여자를 가리키는 '해방처녀'는 남녘 사람들도 아는, 은어 아닌 은어다.

은어를 알려면 그 말을 쓰는 사람들의 삶 속에 깊이 들어가야 한다. 그렇지 못한 상황에서 그저 묻기만 하면 예리가 한 것처럼 그런 말 없다는 대답만 나온다. 그러나 '박수보약'이니 '용광로'니 하는 불만 섞인 은어들이 이미 떠돌고 있다. '용광로'는 각종 선동구호를 외치는 집회장을 가리키고, '박수보약'은 이런 집회장에서 박수를 많이 쳐야 보약처럼 신상에 좋다는 뜻이다. 역시 현실에 대한 불만이 담긴 말이다. '삼백프로'는 또 뭘까? 여자가 시집 가면 직장·가정·남편 모두에게 백 프로씩 잘해야 한다는 뜻이다. 열악한 여성인권을 꼬집는 말이다.

"한 선생님, 아이들이 어른들은 알아 못 듣는 말을 쓰면 야단을 쳐야 하지 않가시오?"

"왜 그래야 하죠? 어른들이 아이들은 못 알아듣는 말을 하면 아이들이 야단치던가요?"

"아이들이 어른들을 어드렇게 야단친단 말입니까?"

"아니, 그 말이 아니라 아이들은 어른들이 어려운 말 하면 알아들으려고 노력하잖아요. 어른들도 그렇게 배워야 하는 거 아니냐구요."

"그거는 애들이 공부해나가는 과정이디요. 어른들이 애들 말을 왜 따라합니까?"

어차피 리 선생님이 동의할 거라 생각해서 한 말은 아니다. 북녘의 리 선생뿐만 아니라 남녘의 어른들 대부분이 가지고 있는 생각이다. 어른들은 아이들의 말에 대해 불만이 많다. 버르장머리가 없어 보이는 말도 그렇고, 자기들끼리 쓰는 말도 그렇다. 더욱이 요즘에는 뜻을 파악하기도 힘든 줄임말을 쓰는데 어른들의 시각에서는 정말 꼴불견이다. 아이들이 쓰는 것도 보기 흉한데 20대 초반의 젊은 사람, 그리고 일부 어른들도 그런 말을 따라 한다. 이런 말에 대해서 어른들, 그리고 어른들의 뜻과 닮아 있는 기자들은 욕하기 바쁘다.

그러나 냉정히 생각해보면 뭔가 불평등하다. 어린이들, 젊은이들, 그리고 몇몇 어른들이 이런 말을 쓸 때는 대개 자신들끼리 이야기할 때다. 이런 말을 엿듣는 어른들이 뭔가 한마디씩 하는 상황인 것이다. 반대로 아이들이 어른들 말을 엿들으면서 알아듣지 못하는 말에 대해서 불만을 토로하면 어찌 되는가? 어른들 말을 엿들은 것 자체, 혹은 끼어들려고 하는 것에 대해서 핀잔을 듣는다. 그러고는 더 크면, 더 공부하면 알게 될 것이라는 잔소리까지 듣는다. 이 상황을 뒤집어 보면 된다. 아이들도 어른들이 자신들의 말에 끼어들려 하고, 간섭하려 하면 핀잔을 주거나 더 공부하라고 말하고 싶지 않을까?

국어선생들이 모이면 젊은이들의 신조어, 특히 의미 파악이 어려운 줄임말에 대한 비판의 말이 이어진다. 군이 국어선생이 아니더라도 소위 사회의 '꼰대'라고 치부되는 이들은 저마다 불만을 표하고 기자들은 이것을 언어파괴라느니 한글파괴라느니 하며 부풀린다. 비난에서 그치는 것이 아니라 이것을 막기 위한 여러 방법들을 내놓는다. 그러나 안타깝게도 이런 식의 노력은 한 번도 성공한 적이 없다. 기성세대의 시각으로는 꼴불견일 수밖에 없는 이러한 행태는 세대를 달리하면서 늘 반복된다. 지금의 '꼰대'들도 어렸을 적에는 자신들의 '꼰대'들로부터 늘 이런 말을 들었을 것이다.

"리 선생님, 릉라도 체육관 가셨었죠? 문재인 대통령의 연설도 들으셨죠? 어떻던가요?"

"갑자기 그 얘긴 왜 하십니까? 영광스럽게도 초청받아서 갓어시오. 문 대통령님 연설도 감동적으로 들어시오."

"감동을 받으시려면 알아듣는 게 먼저일 텐데 혹시 연설 중에 알아 못 듣겠는 말 있던가요?"

"기딴 거 없어시오. 소리가 울려서 그렇디 귀 기울이면 다 알아들을 수 있는 말이어시오."

"그렇지요? 텔레비전에서 잠깐 문재인 대통령의 릉라도 연설을 듣고 흥미로워서 전문을 구해서 봤는데 정말 재미있더라구요."

"재미요? 그걸 재미로 보고 듣습네까? 내래 재미는 모르가시오."

2018년 9월 19일 평양의 릉라도 5·1경기장에서 역사적인 사건이 있었다. 평양을 방문한 문재인 대통령이 15만 평양 시민 앞에서 연설을 한 것이다. 연설의 내용과 그에 따른 감동은 다른 자리에서 논할 문제다. 흥미 혹은 재미라고 표현한 것은 연설문을 이루는 단어와 표현이었다. 예상대로 리 선생님을 비롯해 그 자리에 참석한 사람들 대부분이 문 대통령의 연설을 알아듣는 데 어려움이 없었던 것으로 보인다. 많은 사람들이 남과 북의 말에 차이가 많다고 늘 강조해왔는데 어찌된 일일까?

문 대통령의 의중과 연설비서관들의 노력이 돋보이는 대목이다. 평양 시민들을 대상으로 한 연설인 만큼 어려운 내용은 없었다. 내

용뿐만 아니라 단어와 표현도 가능하면 북녘 사람들이 이해하는
데 어려움이 없는 것으로 썼다. 술술 읽히고 솔솔 들리는 연설일 수
밖에 없었다. 거슬러올라가 4월 27일의 판문점 선언에서도 마찬가
지였다. 문 대통령의 연설뿐만 아니라 김정은 위원장의 연설 또한
그랬다. '남북'을 '북남'이라고 하는 것, '정상'을 '수뇌'라고 하는
것 빼놓고는 다른 말이 별로 없었다. 그나마 '사인'을 '수표'라고 한
것이 달랐는데 외래어를 피하려는 북녘의 경향을 생각해보면 이해
가 된다. 김 위원장과 북녘의 연설문 작성 담당자들 또한 남녘 사람
들이 이해하는 데 어려움이 없도록 노력한 흔적이 보인다.

　"예리야, 나중에 남녘 사람들과 사귀게 되면 말이 다를 텐데 어떻
게 할 거야?"

　"배워주고 배워야 하지 않갓나요? 예리 언니 말 들으면 자연스럽
게 알리는 말도 많아요."

　"슬기는? 갑분싸나 애빼시 같은 말 계속 쓸 거야?"

　"우리끼린 쓰면 되지, 예리는 금방 알아듣는데 뭐. 아재들이 문
제지."

　"리 선생님은 어떠십니까? 저는 이렇게 열심히 북녘말을 배우고
있는데……."

　"한 선생님이야 직업이니 글티요. 내래 이 나 먹고 되가시오?"

　본래 한 민족이고 한 나라 사람이었지만 분단의 세월이 오래다
보니 여러 면에서 다른 사회의 구성원들이 되어버렸다. 서로 다른
사회의 구성원이니 한쪽의 말은 다른 쪽 사람들에게 은어처럼 비

칠 수도 있다. 남녘 사람이든 북녘 사람이든 작심하면 다른 쪽 사람들이 못 알아들을 말을 잔뜩 섞어서 말할 수도 있다. 남녘의 외래어와 줄임말은 북녘 사람들에게는 심히 어려운 은어이다. 북녘의 '우리식 말' 또한 남녘 사람들에게는 쉽게 이해하기 어려운 은어이다.

은어는 같은 집단에 속해 있는 사람들 사이에서만 의미를 갖는다. 은어를 사용하는 사람들도 그 집단 밖의 사람들과 교류할 때는 은어를 쓰지 않는다. 말 때문에 늘 지적을 받는 아이들이나 젊은 사람들도 윗사람들과 소통할 때는 가능하면 그들 사이의 은어를 줄인다. 어릴 때 어른들로부터 말 때문에 늘 핀잔을 받았던 '지금의 어른들'도 나이가 들면서 어느새 이전의 말을 적당히 세탁해서 쓰고 있다.

남과 북의 사람들이 만났을 때 어떻게 말을 해야 하는지 이미 두 정상의 연설은 답을 알려주고 있다. 소통을 원한다면 소통이 가능한 말을 써야 한다. 아이들과 소통하려면 유치원 선생님처럼 아이들의 말을 써야 하듯이, 대화를 원한다면 상대방이 알아들을 말을 써야 한다. 외국인과 대화하려면 외국어로 말해야 하는 것처럼 말이다. 다행히 남과 북의 말은 어른과 아이의 말, 혹은 우리말과 외국어처럼 큰 차이가 있는 말이 아니다. 적당히 걸러서 말하고, 귀를 크게 열어서 들으면 통하는 말이다. 결국 말의 문제가 아니라 마음과 태도의 문제이다.

지도자의 말

그 속에서 우리말의 미래를 점쳐본다

"리 선생님, 오늘 방언 조사 죽신히 했습니다."

"무슨 소립니까? 방언 조사는 안 된다 하디 않아시오. 큰일 날 소리 하디 마시라요."

"아니, 합법적으로 했습니다. 그것도 정말 만나기 힘든 사람을 대상으로."

"누구를 만낫단 말입니까? 허락 없이 사람 만나면 되지 않는다 하지 않아시오."

"텔레비전으로 우리 집 안방까지 찾아왔는데 안 만날 이유가 있습니까?"

"테레비로 어드렇게 뭘 햇다는 겁니까? 알아 못 듣가시오."

2019년 새해를 맞아 처음으로 만난 리 선생을 보자마자 던진 말에 리 선생이 화들짝 놀란다. 방언 연구자가 방언 조사를 했다는 것이 뭐 그리 놀라운 일이겠냐만은 이곳에서는 그렇다.

1996년 여름 중국 길림성 용정시 삼합진의 북흥촌, 걸어서도 건널 수 있는 두만강을 사이에 두고 북녘의 회령시와 마주한 채 보름을 보냈다. 함경북도 회령의 말을 조사한다면서 회령시 건너편의 중국 땅에 와서 조사를 해야 한다는 사실이 안타깝기 그지없었지만 당시로서는 그것이 최선이었다. 건너편의 기차를 타면 평양에도 갈 수 있고, 거기서 조금만 더 남녘으로 가면 서울이니 북녘 땅을 거치면 하루면 집에 갈 수 있을 터였지만 그럴 수 없으니 연길과 심양을 거쳐 서울까지 꼬박 사흘을 써야 했다.

평양에 오면서 이때의 아쉬움이 말끔히 씻길 줄 알았다. 방언 연구자라면 무엇보다 현지 방언 조사를 가장 하고 싶어 한다. 특히 아무도 가보지 못한 곳에 누구보다도 먼저 가서 꼼꼼하게 조사한 자료만 있어도 큰 부자가 되는 것이 방언 연구이기도 하다. 그러나 평양에 도착하자마자 그 꿈은 헛된 것임을 알게 됐다. 반년간의 체류 허가를 받았지만 정해진 곳에서 정해진 사람들만 만날 수 있다는 조건이었다. 오고가는 사람들과 마주치는 것이야 문제될 것 없지만 사람들을 붙잡고 본격적인 조사를 한다거나 녹음을 하는 것은 허용되지 않았다. 그저 귀로 흘러들어오는 소리를 듣고 머릿속에 정리해둘 수밖에 없는 답답한 상황이다.

"음질도 좋고, 화질도 좋고 원고도 구해서 볼 수도 있고, 여러 가지로 만족스러웠습니다."

"태레비에서 그런 자료를 줬다는 겁니까? 도대체 뭔데 그럽니까?"

"신년사 말입니다. 시간이 30분이나 되니 분량도 충분했습니다."

"거, 불경죄 아닙니까? 방언 조사를 할 대상이 따로 잇디……. 남녘에서도 대통령을 상대로 그리 해시오?"

"아뇨, 특별한 경우가 아니면 이런 연설을 분석하는 일은 없습니다."

김정은 위원장의 연설에 대한 관심은 2018년 4월 27일로 거슬러 올라간다. 생중계로 들은 연설에서 몇 가지 흥미로운 점이 관찰되었기 때문이다. 북녘의 최고 지도자는 어떤 방언을 쓸까, 북녘의 어문규범을 얼마나 준수하며 연설을 할까, 사용하는 단어와 표현은 어떠할까 등이 궁금했는데 생중계되는 연설을 통해 이 궁금증을 어느 정도 해소할 수 있었다. 그리고 이보다 훨씬 더 길게 진행된 신년사는 여러 궁금증을 충분히 해소해주었고 판문점 연설과의 비교를 통해 새로운 사실도 확인할 수 있었다.

어느 나라든 최고 지도자라면 그 나라의 표준어를 써야 한다고 생각하는 이들이 많을 텐데 실제로는 어떨까? 많은 이들이 상식적으로 그럴 거라 생각하지만 실제로는 아니다. 우리의 역대 대통령을 보더라도 그렇다. 문재인 현 대통령은 경남 거제 출신이지만 공식적으로 말할 때는 경상도 사투리가 그리 강하게 드러나지는 않는다. 그렇다고 표준어도 아니다. 전임 박근혜 대통령은 표준어에 상당히 가까운 말을 썼는데 그 이전의 대통령들은 그렇지 않았다. 경상도가 고향인 노무현·김영삼·노태우·전두환 대통령은 경상도 말을 썼고, 전라도가 고향인 김대중 대통령은 전라도말을 썼다. 표준어에 대한 인식이 있어 그로 인해 여러 가지 스트레스를 받았겠지만 본래 쓰던 방언을 그대로 유지하며 쓰는 편이었다.

"김정은 위원장님의 말투를 들으면 어떻습니까? 전형적인 평안도 사람의 말투처럼 들립니까?"

"기딴 거 모릅니다. 손가락이 가리키는 달을 봐야디 손가락을 보면 되가시오. 연설 내용을 경청해야디요."

"그야 그렇지만 그래도 정보 좀 주시라요. 통일 이후의 언어 문제에 중요한 것이기도 합니다."

"지도자들의 말이 인민의 말과 같가시오? 뭐가 달라도 다르갓디요."

"그래도 평양말이나 문화어나 뭐 이런 말과 비교가 가능하지 않나요?"

"모르가시오. 한 선생이 판단해보시라요."

　　대중연설을 꺼렸던 김정일 위원장에 비해 김정은 위원장은 대중연설을 자주 하고 그 장면이 텔레비전으로 방송되기도 한다. 김일성 주석과 달리 김정일 위원장은 공식석상에서 한 번도 연설하지 않았다. 1992년 군 열병식에서 "조선인민군 장병들에게 영광이 있으라"라고 육성으로 말한 것이 전부다. 김정은 위원장은 할아버지처럼 신년사를 비롯해 시정 연설을 직접 육성으로 하고 그 모습이 텔레비전으로 방송되었다.

　　김정은 위원장의 말투는 할아버지와 유사하지만 시대의 변화가 감지되기도 한다. 2019년 초 김정은 위원장은 선대의 초상화가 배경으로 걸려 있는 당 중앙청사 소파에 앉아 신년사를 발표했다. 원고를 들고 있기는 했지만 전면에서 연설문을 차례로 띄워주는 프롬프터를 보며 한 것으로 보인다. 마이크가 설치된 연단에서 원고를 보며 읽는 이전의 딱딱한 연설과 달리 자연스러운 말투가 나타났다.

애초부터 정확한 답변을 기대하기 어려운 질문이긴 했다. 지도자의 연설을 분석하는 것 자체가 시도되기 어려운 일이기도 하겠지만 분석된 결과가 있더라도 그것을 입 밖으로 내는 것 자체를 꺼리니 답을 해줄 리가 없다. 그래도 머뭇거리는 리 선생님의 태도에서 어느 정도 답이 감지된다. 리 선생이 무언으로 답을 하고 있듯이 연설로 살펴본 김정은 위원장의 말은 전형적인 평안도말도 아니고 북녘의 표준어인 문화어도 아니다.

방언 조사를 할 때에는 삼대 이상 한 곳에 거주한 그 지역의 토박이를 제보자로 선정한다. 나이가 많아야 하고, 교육 정도는 낮을수록 좋다. 공직을 비롯해 사람들과의 접촉이나 타지로의 이동이 많은 직업을 가진 사람 대신 농업에 종사한 사람을 선호한다. 이러한 기준은 제보자를 선정하기 위한 기준이기도 하지만 특정 지역의 전형적인 방언이 성립되기 위한 기준이기도 하다. 김정은 위원장은 이러한 모든 기준에 부합되지 않으니 전형적인 지역방언을 쓰기도 어렵다.

과거에는 김정은 위원장의 고향이 강원도 원산으로 알려졌으나 취임 이후에는 량강도 삼지연군으로 공식화되었다. 오늘날 북녘의 행정구역에 따르면 원산은 강원도이지만 과거에는 함경남도였다. 삼지연군은 과거 함경남도 혜산군과 함경북도 무산군의 일부가 통합돼 설정된 지역이니 역시 함경도의 일부이다. 방언의 형성에는 선대의 고향도 영향을 미치는데 부친인 김정일 위원장의 고향은 삼지연군이고, 조부 김일성 주석의 고향은 평양 인근의 만경대이다. 태어난 곳을 기준으로 하면 김정은 위원장의 방언이 전형적인 평안도 방언일 가능성은 낮으며, 실제로도 전형적인 평안도말은 아니다.

"김 위원장의 지읒 발음이 어떤가요? 리 선생님과 같나요?"

"그게 뭐 다른가요? 한 선생님과 내 발음이 달라요?"

"'갔어'나 '있어'라고 말할 때 받침이 된시옷인가요, 아니면 시옷인가요?"

"갈수록 알아 못 들을 말만 하십니다. 한 선생님이야 기딴 거 관심 가지디 다른 사람들이 그걸 어찌 알가시오?"

판문점 정상회담 당시 김정은 위원장의 한마디가 남녘 사람들의 유행어가 되었다. 판문점까지 준비해 온 '평양 랭면'을 소개하는 자리에서 한 "멀다고 하면 안 되갓구나"가 그것이다. '되갓구나' 때문에 많은 사람들이 이를 북녘말, 혹은 평안도말로 인식한다. 남녘에서는 '겠'을 쓰는데 평안도 사람들은 '갓'을 쓰니 그리 느낄 수 있다. 그런데 '갓'의 받침이 'ㅅ'이라는 사실은 귀가 밝거나 특별한 관심을 기울이는 이 아니면 모른다. 시제를 나타내는 '앗/엇'이나 '잇다' 모두 받침이 'ㅆ'이 아닌 'ㅅ'이니 이것만 보면 김정은 위원장은

朝 鮮 旅 游

The **Pyongyang** Times

No. 29 (2 908)   Weekly   **Saturday, July 16, Juche 105(2016)**   PYONGYANG, DEMOCRATIC PEOPLE'S REPUBLIC OF KOREA

Kim Jong Un inspects synthetic leather factory and institute of architecture

Kim Jong Un, chairman of the Workers' Party of Korea, chairman of the DPRK State Affairs Commission and supreme commander of the Korean People's Army, visited the Phyongsong Synthetic Leather Factory.

He was accompanied by Premier Pak Pong Ju; An Jong Su, department director of the WPK Central Committee; and Pak Myong Sun, deputy department director of the WPK Central Committee.

Feasting his eyes on the overall view of the factory, he said that it has been renovated wonderfully to be clean and decent.

He made the rounds of different production processes, sci-tech diffusion room and other places to inquire about details of production and operation.

The officials and employees of the factory are pooling their wisdom to make synthetic leather as good as the natural one in physical and qualitative terms, especially in tensile and bending strength, and throwing themselves into the production of a variety of bags in great demand, he said.

Now that the factory has boosted its production capacity enough to satisfy the domestic demands for synthetic leather, he noted, it is needed to provide a sufficient supply of raw and other materials to help the factory put production on track and increase the output on a constant basis. And he took measures to this end.

Supreme leader Kim Jong Un visited the Paektusan Institute of Architecture.

He was accompanied by Ma Won Chun, director of the Design Department of the State Affairs Commission.

He specified tasks to be tackled by the institute, making the rounds of the sci-tech hits exhibition hall, design research room, data research room and other places.

Designers, architects and researchers should reject similarity and repetition in design and work to build more and better buildings— healthy, green, zero-energy, zero-carbon and multifunctional, he said.

The institute, he noted, should make great efforts to raise the rate of domestic finishing building materials as much as possible, ensure variety of building materials in terms of shape, kind and colour, break new ground for architecture, help the designers and architects build their capacity,

and establish a larger database of world architectural material.

He pointed to the need to update the means of designing, and said the Party would ensure latest computers and other modern means of designing are supplied to the institute.

During his inspection tours, he had photographs taken with the relevant officials and employees.

By PT staff reporter

DPRK, Chinese leaders exchange messages on mutual assistance treaty anniv

Kim Jong Un, chairman of the Workers' Party of Korea, chairman of the DPRK State Affairs Commission and supreme commander of the Korean People's Army, exchanged congratulatory messages on July 11 with Chinese counterpart Xi Jinping to mark the 55th anniversary of the treaty on friendship, cooperation and mutual assistance between the DPRK and China.

The treaty, which was signed by the two countries' leaders of the elder generation 55 years ago, has served as a solid legal foundation that provides a constant development of the friendly and cooperative ties forged in the bloody joint struggle, he noted, and we will work with the Chinese comrades to develop the traditional ties in line with the demands of the new century so as to give an impetus to the cause of building socialism in the two countries and make a positive contribution to protecting peace and security in Northeast Asia.

Xi Jinping, general secretary of the Central Committee of the Communist Party of China, president of the People's Republic of China, and chairman of the Central Military Commission, said that during the past years both sides have supported and cooperated with each other closely true to the principle and spirit of the treaty. The Chinese side is willing to strengthen strategic communication with the Korean side, promote

THAAD deployment sparks strong protest

The US already brought *Stennis* and *Ronald Reagan* nuclear carrier strike groups, nuclear-powered submarine *Mississippi*, B-52H strategic bombers and other strategic assets of all kinds near south Korea. Most recently, it has announced a plan to stage a simulation strike drill against the DPRK's major military targets by relocating 12 F-16 fighter jets under the 169th Combat Wing in the US mainland to the Osan air base in south Korea have decided to deploy THAAD (Terminal High Altitude Air Defence) system in south Korea.

The enemy now explain that they have confirmed the military effectiveness of this system through months-long examination by a joint working team and taken necessary steps so that it would make no negative impact on environment, health and security in a bid to

평안도말을 쓴다고 볼 수 있다.

그런데 평안도 사람들의 발음에서 나타나는 'ㅈ'의 전형적인 발음상 특징은 김정은 위원장의 말에서는 다소 혼란스럽게 나타난다. 평안도 사람들의 'ㅈ'은 다른 지역의 'ㅈ'에 비해 앞쪽에서 발음되기 때문에 'ㄷ'처럼 들리기도 한다. 그러나 김정은 위원장의 'ㅈ' 발음은 평안도 사람의 발음보다는 다른 지역 사람들의 발음과 더 비슷하다. 가끔씩은 평안도 사람들의 'ㅈ' 발음과 비슷한 발음이 들리기도 하고, '가져'의 경우 '가디어' 비슷하게 발음하는 등 평안도의 전형적인 발음 양상이 나타나기도 하지만 전반적으로는 평안도 사람들의 'ㅈ' 발음으로 보기 어렵다.

이에 대해서는 두 가지 해석이 가능하다. 하나는 김정은 위원장의 출생 및 성장 과정과 관련 지은 해석이다. 특정 지역의 방언이 내재화되기 위해서는 그 지역에 오래 거주하며 그 지역의 방언 화자와 접촉할 기회가 많아야 한다. 그러나 김 위원장의 경우 평안도 지역의 일반 화자들과 접할 기회가 적었을 것이기 때문에 자연스럽게 평안도 방언을 익힐 기회가 드물었을 것이다. 또한 조부는 평양이 고향이지만 부친은 함경도가 고향이므로 이 영향도 있을 수밖에 없다. 다른 해석도 가능하다. 젊은 화자들 사이에 나타나는 평안도 지역 'ㅈ' 발음의 변화가 김 위원장에게도 나타나고 있다고 보는 것이 그것이다. 과거 'ㅈ' 발음의 특징이 평안도 지역에만 남아 있다가 점차적으로 변화하고 있는데 김 위원장 또한 이 변화의 흐름 속에 있다고 볼 수도 있다.

어느 쪽이든 김 위원장의 'ㅈ' 발음은 통일 이후에 나타날 변화를 예견할 수 있게 해주기도 한다. 통일이 되면 현재보다 더 많은 지역의 화자들이 자유롭게 접촉하게 될 것이다. 또한 통신 및 방송 등의 개방으로 간접적 접촉도 늘어날 것이다. 이러한 접촉의 결과 마지막까지 과거의 'ㅈ' 발음을 유지하던 평안도 지역도 다른 지역과 같아질 가능성이 있다.

"리 선생님은 역사라고 발음하십니까, 아니면 력사라고 발음하십니까? 노동이나 낭만은요?"

"한자로 지닐 력, 힘쓸 로, 물결 랑이니 당연히 력사, 로동, 랑만이라고 발음해야디요."

"그렇죠? 그렇게 해야 문화어 규범에 맞고 학교에서도 그렇게 가르치죠? 그런데 김정은 위원장님은 남녘 사람들처럼 역사, 노동, 낭만이라고 발음하던데요?"

"그럴 리가 있겠습니까? 잘못 들은 거 아닙니까?"

"작년의 판문점 연설 때도 그랬는데 이번 신년사에서는 훨씬 더 많이 들렸습니다."

"잘 모르가시오. 나도 보통 때는 역사, 노동, 낭만이라고 발음하기도 합니다."

두음법칙과 관련된 표기와 발음은 북녘의 글과 말에서 꽤나 도드라지게 나타나는 특징이다. 교육을 받은 북녘 인사들은 공적인 자리에서 말을 할 때 철저하게 한자의 본래 음대로 쓰고 말한다. 그런데 의외로 김정은 위원장의 신년사에서는 두음법칙이 적용된 발음, 즉 한자 본래의 음이 아닌 관습적인 발음이 나타나는 것이 흥미롭다. 신년사의 후반부에서는 '래왕來往, 립장立場, 리념理念' 등 북녘의 규범에 따른 발음도 나타나지만 전반부에서는 두음법칙이 적용된 발음이 압도적으로 많았다. 8개월 전 판문점 연설이나 9월의 평양 연설에서는 두음법칙이 적용된 것과 그렇지 않은 것이 비슷한 양상으로 나타났는데 신년사에서는 북녘의 규범에 맞지 않는 발음이 훨씬 더 많이 나타난 것이다.

이런 차이는 왜 나타난 것일까? 아무래도 '문文'과 '사辭'에서 그 이유를 찾아야 할 듯하다. 급박한 일정으로 진행되는 정상회담에서는 연설문의 작성 시간도 짧고 연설을 준비할 시간도 부족하다. 따라서 연설에서는 글文 그대로를 읽을 가능성이 더 크다. 이에 비해 신년사는 충분한 시간을 가지고 작성할 수 있고, 작성된 원고를 바탕으로 발표를 준비할 수 있다. 따라서 연설문을 읽기보다는 연설문의 내용을 말辭로 할 수 있는 것이다. 결국 자연스러운 발화에서는 규범에 따라 적은 표기를 읽기보다는 일상의 습관대로 말할 가능성이 높기 때문에 나타난 차이로 보인다. 자연스러운 발화에서는 두음법칙을 적용한 발음이 더 많이 나타난다는 점에서 향후 두음법칙과 관련된 규범을 통일하는 데 중요하게 활용할 수 있는 사례라 할 수 있다.

"우리 위원장님의 말씀이 그렇게나 우리랑 다릅니까? 그래도 남조선의 말은 아니디 않습니까? 내가 듣기에는 말하는 게 우리와 한가지입니다."

"물론입니다. 원고는 이쪽 규범대로 작성됐으니 문장은 당연히 여기 식이죠. 문제는 발음인데 몇 해가 됐나를 나타내는 '돌'의 발음이 재미있더라구요."

"그거 받침이 리을시옷 아닙니까? 그대로 읽으면 되는데 뭐가 재미있습니까?"

"아, 남녘에서도 과거에는 그랬는데 지금은 시옷 없이 '돌'로 쓰고 쓴 대로 읽습니다."

연설문은 구어가 아닌 문어다. 따라서 연설문에 나타나는 단어와 표현, 그리고 문장 등의 특징은 문어의 특징이지 일상의 말 자체를 반영하는 것이 아닐 가능성이 있다. 그래도 '돌'은 흥미로운 차이를 보여준다. 과거에는 서울 사람들도 '돌'을 '돐시'라고 하기도 했다. 오래된 돌사진을 보면 '첫돐 기념'이라고 쓴 것이 종종 보이는데 '돌시'로 발음하니 이리 쓴 것이다. 북녘에서는 표기도 'ㅅ'을 살려서 하고 발음도 이에 따라서 한다.

"석탄이 꽝꽝 나와야 긴장한 전력 문제도 풀 수 있고"라는 구절 속의 '꽝꽝'은 남녘 연설문에서라면 절대 나타날 수 없는 표현이다. '에네르기'나 '비날론'은 외래어 표기법의 차이를 보여준다. 남녘에서는 '에너지'와 '나일론'이라고 하는 것을 달리 표기하고 표기대로 읽는 것이다. '탄소하나화학공업'은 남녘식으로 하면 '일산화탄소화학공업'이다. 미세한 표현 차이가 나타나기는 하지만 눈여겨보고 귀 기울여 들으면 이해하는 데는 큰 어려움이 없다.

"그런데 한 선생님, 남의 지도자 신년사를 왜 그리 열심히 들엇습니까? 남녘에 돌아가게 되면 문제 생기는 거 아닙니까?"

"이럴 때 남이라고 하면 안 되갓구나 하고 말해야 하는 거 아닌가요? 지금은 리 선생님의 지도자지만 말은 우리말이잖습니까. 우리말을 들어본 것뿐입니다."

"말이야 길티요. 문재인 대통령의 릉라도 연설도 우리말 맞디요."

방언학적 기준으로는 쓸데없는 방언 조사를 한 셈이다. 특정 지역의 언어를 대표할 수 있는 화자가 아니니 이 자료로는 논문 한 편 쓸 수 없다. 그러나 상징적인 의미는 크다. 특히 우리말의 미래와 이 미래를 이끌고 조정해나갈 언어 정책 문제에서 그렇다. '남의 지도자'의 말이지만 우리말을 사용하는 지도자이니 그 말 속에서 우리말의 미래를 점쳐본다.

　　　2018년 4월 27일 판문점에서 열린 남북정상회담 때 김정은 위원장이 남긴 방명록의 필체와 단어 표기가 화제가 됐다. 각 글자마다 오른쪽 위로 올라가는 필체인 소위 '백두체'도 화제였지만 두 번 쓰인 단어 '역사歷史'의 표기가 다른 것이 더 화제였다. 북녘의 표기법에 따르면 '역사'는 '력사'로 표기되어야 하는데 처음에는 북녘의 표기법에 따라 '력사'로 표기되었다. 그런데 두 번째는 '력사'로 볼 수도 있고 '역사'로 볼 수도 있는 애매한 표기였다. 이를 두고 첫 번째는 북녘의 표기법에 따라 쓴 것이고, 두 번째는 남녘의 표기법에 따라 쓴 것이라 해석하는 이도 있었다. 그러나 김정은 위원장의 'ㄹ' 표기가 글자마다 제각각인 데 비해 'ㅇ' 표기는 일관되게 나타난다는 점에서 두 번째 표기를 '력사'가 아닌 '역사'로 보는 것은 무리가 있다. 김정은 위원장의 '역사' 발음이 [력싸]와 [역싸] 사이를 오가고 있기 때문에 표기 역시 그렇게 나타나는 것으로 보려는 시도였을 것이다.

스포츠 용어

어느 한쪽만 응원해서는 안 될 문제

"아시아 배 국제축구경기를 앞두고 웰남과 평가전을 가진 우리 선수단이 일대일 무승부를 거두었습니다. 우리 선수단은 새해 1월 9일 아랍추장국련방에서 사우디아라비아와 첫 경기를 시작해 13일 까타르, 18일 레반뜨와 예선전을 치릅니다."

12월 26일 예리네 가족을 집으로 초대해 저녁식사를 하는 자리, 아시안컵 참가를 위해 떠난 축구 선수단의 소식이 텔레비전 뉴스를 통해 전해진다. 크리스마스 다음 날이니 남녘이라면 여전히 크리스마스 분위기가 남아 있을 법도 하지만 이곳에는 크리스마스가 없다. 크리스마스라는 말도 없다. 공연히 들뜨기만 하는 크리스마스 분위기가 싫었는데 이곳은 너무도 조용하니 낯설기만 하다. 예리네 가족마저 없었다면 정말 적적할 뻔했다.

"거, 뉘김까? 로씨아 월드컵 도이췰란드랑 경기할 때 긴 연락 받아서 한 방에 골인시킨 선수."

"손흥민 선수요? 이피엘 토트넘 홋스퍼 에프씨에서 뛰고 있는 선수."

"이펠이 멈까? 토트남 홋 뭐라구요?"

"아 이피엘은 잉글랜드 프리미어리그이고, 손 선수가 뛰고 있는 클럽 이름이 토트넘 홋스퍼 풋볼 클럽입니다."

"머 그리 복잡합니까? 그냥 영국 직업축구단이라 하면 되지요."

"하하, 긴 연락은 뭡니까? 로씨아는 또 뭐구요?"

의외로 리 선생님이 아니라 예리 어머니가 손흥민 선수에 대해 묻는다. 평양시의 소녀 축구단을 관리하는 일을 맡은 적이 있었다고 하니 수긍이 되기도 한다. 그런데 오늘은 왠지 외래어나 외국어를 놓고 치열한 말싸움이 벌어질 것 같다. 당장 '아랍추장국련방'부터 귀에 턱턱 걸리며 들어온다. 남녘에서는 'UAE United Arab Emirates'라고 적고 '아랍에미리트'라고 부르는 나라가 이곳에서는 '아랍추장국련방'이다. 아랍에미리트가 아라비아반도 남동부에 있는 7개의 토호국이 연합해 만든 나라이니 '추장국련방'은 이 나라의 역사를 잘 반영한 이름인 셈이다. 이상할 것 없다. 우리도 과거에 '아랍토호국연방'이라고 부르기도 했다.

'윁남' '까타르' '레반뜨'는 각각 '베트남 Vietnam' '카타르 Qatar' '레바논 Lebanon'을 가리킨다. 남녘에서는 영어식 발음, 혹은 현지의 발음을 기준으로 표기와 발음을 정하지만 북녘에서는 대개 러시아어를 기준으로 표기와 발음을 정해서 나타난 차이다. '로씨아'는 '러시아 Russia'를 러시아어 발음에 가깝게 표기한 것이고 '도이췰란드'는 독일어 발음에 가깝게 표기한 것이다. '체코 Czech'는 체코어 발음대로 '체스꼬'라고 하고, '포르투갈Portugal'은 포르투갈어 발음대로 '뽀르뚜갈'이라고 한다. 그런데 '헝가리Hungary'는 헝가리어 발음대로 '마자르'라고 하기도 러시아식 발음대로 '웽그리아'라고 하기도 한다. 북녘에서도 외국의 국명 표기는 다소 들쭉날쭉하다.

외국의 국명이나 지명을 어떻게 표기할 것인가는 매우 복잡한 문제다. 서양과 접촉이 이루어진 초기에는 한자로 나라 이름을 적다보니 '영국英國' '미국美國' '덕국德國' '법국法國'과 같이 중국식으로 썼다. 이중에서 영국과 미국은 지금도 쓰이지만 덕국과 법국이 각각 독일과 프랑스인 것을 아는 이는 드물어졌다. '독일'은 일본의 한자 음차 표기인 '도이쓰独逸'를 우리의 한자음대로 읽은 것이고, 프랑스는 한자로 '불란서佛蘭西'라고 적던 시기를 거쳐 오늘에 이르렀다. 일관된 기준이 적용되지 않았고 통일 이후에도 일관된 표기와 발음을 정하기 어려운 문제일 수밖에 없다.

다른 나라나 도시를 가리키는 말은 언어를 가릴 것 없이 다 제 각각이다. 나라 이름이나 도시 이름은 고유명사이니 본래 발음에 가깝게 표기하고 부르는 것이 원칙이다. 그러나 각 언어의 특징이나 역사적인 변화가 반영되기 마련이라 본래의 발음과 달라지거나 현재의 이름과 다른 표기 및 발음이 나타날 수밖에 없다. 전통적인 이름을 제외하면 북녘에서는 대개 러시아어 발음을 기준으로 표기하고 발음한다. 남녘의 '터키'를 북녘에서는 '토이기'나 '뛰르끼에'라고 하는데 앞의 것은 터키의 한자 음차 표기인 '土耳其'를 우리 한자음대로 읽은 것으로서 '터키'가 자리 잡기 이전에 두루 쓰이던 이름이다. 뒤의 것은 러시아어에 기초한 것으로 보이는데 오늘날 러시아에서 터키를 부르는 말과는 다르다. '뛰르끼에'와 같은 것은 발음과 표기의 차이를 감안하면 무엇을 가리키는 것인지 어느 정도 추측이 가능하다. '윈'이나 '쾨뻰하븐'의 경우도 어느 도시를 말하는 것인지 처음에는 알쏭달쏭하지만 각각 '빈'이나 '코펜하겐'이란 것을 알게 되면 대충 이해가 되기도 한다.

"다른 선수에게 공을 넘겨주는 것이 왜 연락입니까? 패스지."

"그거 영어 아닙니까? 볼 차는데 왜 굳이 영어를 씁니까? 그럼 벌차기, 모서리차기, 십일메다 볼차기는 뭐라 합니까?"

"프리킥, 코너킥, 페널티킥 얘기를 하는 건가요?"

"내 그럴 줄 알았습니다. 뱉도 없습니까? 왜서 우리말 두고 다 다른 말 빌어서 씁니까?"

"너무 그러지 마세요. 메다나 볼은 다른 나라 말 아닙니까?"

결국 이야기가 또 외래어와 고유어 문제로 넘어가고 말았다. 가능하면 외래어를 배제하고 고유어를 쓰는 북녘의 기조는 운동경기 분야에서도 다를 바가 없다. 운동경기 용어도 가능하면 죄다 고유어로 풀어 쓴다. 구기 종목에서 '패스'는 공을 넘겨준다는 뜻인데 그저 넘겨준다기보다는 공을 연계해서 공격을 이어가는 것이니 '연락'도 수긍이 된다. '벌차기'나 '모서리차기'는 단어의 본뜻을 살리되 알아듣기 쉬운 말로 대체해놓았다. '프리킥'은 차는 순간까지 수비수의 방해를 받지 않고 자유롭게 찰 수 있다는 의미인데 북녘에서는 반칙에 대한 벌로 차는 것으로 바꾸어놓은 것만 다르다. '페 널티Penalty'는 '벌차기'가 있어 애매했는지 길게 풀어 바꿔놓았다.

남녘의 운동경기 용어에 익숙한 이들이 이런 용어를 들으면 낯 설 뿐만 아니라 우습다거나 촌스럽다는 느낌을 받을 수도 있다. 그 런데 북녘의 용어는 뜻이 금세 이해된다는 장점이 있다. 외국어를 그대로 가져다 쓰는 남녘에서는 경기 방법도 익히고 용어도 외워 야 하지만 북녘에서는 경기 방법만 알면 용어는 대략 이해가 된다. '오프사이드off side'는 용어도 어렵고 실제 적용 방법도 이해하기 쉽 지 않다. 이것을 북에서는 '공격 어김'이라고 하니, 적어도 말은 알 아들을 수 있다.

특정 분야에 대해 배운다는 것은 그 분야에 필요한 기능과 용어 를 함께 배우는 일이다. 우리는 인쇄 및 재봉 기술을 일본을 통해 배우는 바람에 지금도 이 분야에서는 '도무송'이니 '나나인치'니 하는 말들이 사용된다. '도무송'은 인쇄물을 자르거나 누르는 유압 식 기계를 가리키는 말인데 이 기계의 대표적인 생산회사가 톰슨 프레스Thomson Press 사라서 '톰슨'의 일본어식 발음 '도무송'이 그대 로 굳어졌다. '나나인치' 또한 미국의 대표적인 재봉틀 제작사인 싱 어Singer 사의 재봉틀 모델 번호 71을 일본식으로 '나나이치'로 읽은 것이 변해서 된 말이다.

이렇게 특정 분야에서 사용되는 말들은 그 분야 사람들만 알아 도 되는 말이니 그대로 둘 수도 있다. 그러나 남녀노소 가리지 않고 보는 운동경기는 사정이 다르다. 운동경기가 선수들과 관계자들만

▌축구에 빠져 있는 평양의 아이들

© Clay Gilliland

즐기는 것이라면 오늘날의 운동경기는 존재할 수가 없다. 경기를 보고 응원하고 즐기는 이들이 있어야만 살아남을 수 있는 것이다. 이런 점을 감안하면 '오프사이드'나 '페널티킥'은 '도무송' 및 '나나인치'와 사정이 다르다. 용어를 개선하는 것은 스스로의 생존을 위해서 필요한 일이기도 하다.

남녘의 야구경기에서는 용어를 개선하기 위한 노력이 꽤 이루어져 어느 정도의 변화를 이루어냈다. '포볼four ball' '데드볼dead ball' '러닝홈런running homerun' '랑데뷰 홈런rendezvous homerun' 등이 그것이다. 모두 영어로 된 말이긴 한데 이것이 일본식 엉터리 영어라는 문제가 제기된 것이다. 야구의 본고장은 미국이니 모든 용어가 영어

일 수밖에 없으나 위의 용어들은 각각 영어로 '베이스 온 볼스base on balls' '히트 바이 피치드 볼hit by pitched ball' '인사이드 더 파크 홈런inside the park homerun' '백 투 백 홈런back to back homerun'이다. 영어로 된 용어가 일본을 거치면서 정체불명의 말이 된 것이다.

이를 둘러싸고 두 가지 흐름이 형성되었다. 하나는 본토의 말로 바꾸어서 해야 한다는 것이었고, 다른 하나는 이왕 바꿀 거면 우리말 표현으로 바꾸자는 것이었다. 첫 번째 흐름은 뭔가 씁쓸한 구석이 있다. 결국 원조를 찾아가는 과정으로 보자면 이해가 되는데 일본식 영어는 안 되고 본토박이 영어여야 된다는 논리다. 이는 소위 '엠엘비 키즈MLB Kids'들이 주도했다. 어릴 적부터 야구를 좋아해서 인터넷을 비롯한 각종 매체를 통해 미국의 메이저리그 야구를 접한 이들이다. 이들이 중계와 해설을 맡게 되면서 자연스럽게 본토 용어를 써야 한다는 주장이 제기되었다.

두 번째 흐름은 역시 우리말을 가슴 깊이 사랑하는 사람들에 의해 주도되었다. 이왕 바꿀 거면 알아듣기 어려운 영어가 아닌, 쉬운 우리말로 바꾸어 많은 사람들이 즐길 수 있게 하자는 것이다. 이들이 제시한 '볼 넷'은 여전히 영어 '볼ball'이 포함되어 있어 썩 만족스럽지는 않다. 그러나 '데드볼'을 바꾼 '몸에 맞는 볼'은 여전히 '볼'이 포함되어 있지만 뜻이 금방 이해되는 그럴 듯한 용어다. '장내 홈런'이나 '연속타자 홈런'도 결국은 '홈런'이라는 외래어가 포함되어 있기는 하지만 이해가 쉽다는 점에서 높은 점수를 줄 수 있다.

나의 이런 평가가 결국 북녘의 용어를 따르는 듯한, 혹은 따르자고 하는 듯한 느낌을 줄지도 모르겠다. 그러나 이는 단순한 문제가 아니다. 북녘에서는 야구가 활성화되어 있지는 않지만 야구 용어는 나름대로 정리되어 있다. 남녘의 보내기 번트 상황을 북녘의 용어대로 설명해보자. 실격 없이 진격수가 1진에 있을 때 넣는 사람이 던진 공을 치기수가 살짝치기로 쳐서 2진에 보내려 할 수 있다. 정확한 공을 자리지기가 없는 위치로 잘 치면 성공이지만 공중볼을 치거나 정면으로 치면 이중실격을 당할 수 있다.

쉬운 우리말로 되어 있으니 야구를 아는 사람이라면 남녘의 일반적인 용어로 바꾸어 이해할 수 있다. 그러나 결국은 야구를 알아야 제대로 이해할 수 있는 말이다. 야구 규칙을 알아야 '번트'와 '더블플레이'가 '살짝치기'와 '이중실격'으로 표현되었음을 알 수 있기 때문이다. 많은 사람들이 쉽게 이해할 수 있는 말로 바꾸는 것도 좋지만 그것이 오히려 경기의 이해를 방해할 수도 있다. 나아가 국제경기에서 불편을 초래할 수도 있다. 이 문제에서는 시대의 흐름이 반영되거나, 세대 간에 다른 생각이 표출될 수밖에 없다.

"예리야 슬기야, 너 맨땅에 헤딩하기라는 말 아니?"

"헤딩이 뭐야요? 그런 말 몰라요."

"알기는 알지, 나 지금 평양에 와서 맨땅에 헤딩하고 있잖아."

"그럼 축구에서 헤딩은 알아?"

"헤딩이 뭐야, 촌스럽게. 체육 선생님이 헤딩이라고 하니까 남자애들이 헤더가 맞다고 그러던데. 아빠가 좋아하는 이피엘 중계 직접 보니까 머리로 넣은 골은 헤더라고 했어."

"그걸 왜 헤딩이니 헤더라고 합니까? 머리받기라고 하면 되지."

헤딩 하나를 두고도 생각이 이렇게 다르다. 축구에서 머리로 공을 다루는 것을 남녘에서는 '헤딩'이라고 해왔고 북녘에서는 '머리받기'로 불러왔다. 그런데 어느 순간부터 남녘의 젊은 캐스터들이 '헤더'라는 말을 쓰기 시작했다. '헤딩'은 영어인데 영어로 하는 축구경기 중계를 보면 '헤딩' 대신 '헤더'를 쓴다는 것이 이들의 논리다. '헤딩'은 콩글리시이니 축구의 본고장 영국에서 쓰는 '헤더'로 대체해야 한다는 것이다. '센터링'도 엉터리 영어이니 '크로스'로 바꿔야 한다고 말하며 실제로 그렇게들 한다. 일견 맞는 말이지만 이미 '헤딩'과 '센터링'에 익숙해져 있는 이들은 불만이다. '데드볼'을 '몸에 맞는 볼'로 바꾸는 것과는 다른 방식의 변화이니 받아들이기가 쉽지 않다.

경주에 가면 서봉총瑞鳳塚이라는 이름의 고분이 있다. 봉황이 장식된 금관이 출토된 신라시대의 고분인데 왜 이름이 '서봉총'일까? 이름의 유래를 알려면 고분이 발굴된 1926년으로 거슬러 올라가야 한다. '봉鳳'은 봉황일 텐데 '서瑞'는 도대체 무엇일까? 과거에 스웨덴을 '서전瑞典'이라고 한 사실을 모르면 풀리지 않는 문제다. 한자로 외국의 국명과 지명을 표기하던 시절 스위스, 오스트리아, 멕시코는 각각 '서서瑞西' '오지리墺地利' '묵서가墨西哥'였다. 이 고분 발굴 현장에 서서의 황태자가 방문한 것을 기념하기 위해 이러한 이름이 붙여졌다.

지금은 '서전'과 '서서'를 아는 이들이 극히 드물다. 그래도 '불란서佛蘭西'와 '이태리伊太利'를 아는 이들은 꽤 되고 자연스럽게 쓰기도 한다. 나이가 좀 든 세대는 '한불수교'가 익숙하겠지만 젊은 세대는 '한프수교'나 '한국-프랑스 수교'라고 해야 한다고 말할 수도 있다. 아직은 '영국'이나 '미국'이 자연스럽지만 좀 더 시간이 흐르면 이마저도 '잉글랜드'와 '유에스에이'라고 해야 한다고 말하는 이가 나올지 모른다. 결국 시간의 흐름에 따라, 세상의 변화에 따라 바뀔 수밖에 없는 문제이다.

머리받기, 헤딩, 헤더의 운명도 마찬가지다. 남과 북의 중계진이 만나 축구 중계를 한다면 '머리받기'와 '헤딩'을 두고 다툼이 일어날 것이다. 남녀의 젊은 캐스터와 나이 지긋한 해설자가 같이 축구 중계를 한다면 '헤딩'과 '헤더'를 두고 갈등을 빚을 것이다. 다툼이나 갈등의 해결책은 결국 포용이다. '머리받기'라고 말하는 이들이 있으면 뜻은 잘 이해되니 촌스럽다고 생각하지 않으면 된다. '헤딩'이라고 말하는 이들이 있으면 늘 써와서 익숙한 말이겠거니 하면 된다. '헤더'라고 말하는 이가 있으면 정확하게 말하려고 노력하는구나 하고 생각하면 된다. 내가 옳고 네가 틀리다는 생각만 하지 않으면 된다.

"예리야, 너네는 응원할 때 뭐라고 하니?"

"응원 구호요? '이겨라, 이겨라, 우리 선수 이겨라'라고 해요."

"슬기는?"

"학교에서는 안 해봤는데……. 대신 우린 그게 있잖아. 대~한민국, 짜작자작짝."

▌김일성경기장, 북한팀을 응원하는 평양 시민들 ⓒ (stephan)

"그거이 뭡니까? 대한민국은 뭐고, 박수는 왜 그리 칩니까? 삼삼
칠 박수를 쳐야지."

남과 북은 응원 구호도 방법도 다르다. 심지어 박수도 다르다. 통
일이 되면 응원도 '대~한민국, 짜작자작짝'으로 통일되는 걸까? 사
실 다른 나라 이름보다 더 급한 것이 우리나라의 이름이다. 이것은
운동경기 용어를 바꾸고 통일하는 문제보다 훨씬 더 복잡한 문제
다. 서로의 손바닥이 잘 마주쳐야 우렁찬 박수가 나올 수 있는 일이
니, '이겨라'라고 외치며 어느 한쪽만을 응원해서는 안 되리라.

옛말

남북 사극 속의 인물들은 같은 말을 쓴다

"그만 하시오. 왜놈들 때문에 혈육끼리 싸우지 마소이다."

"아버님의 염습을 치른 후 스스로 관가로 갈 터이니 달실이를 봐주소이다."

아내에게 새로운 소일거리가 생겼다. 소일거리 정도가 아니라 주말 본방사수라는 중대 임무가 생긴 것이다. 2018년 7월 22일부터 조선중앙텔레비죤에서 방송하는 8부작 텔레비죤련속극 〈임진년의 심마니들〉이 그것이다. 제목만 봐도 내용이 반쯤 들어온다. '임진년'은 이 드라마의 시대적 배경이 임진왜란 무렵임을 말해주고, 개성의 인삼을 지키려는 '심마니들'이 주인공이라는 사실도 바로 알 수 있다. 우리의 인삼과 인삼 재배기술까지 탈취하려는 왜군에 맞서 싸우는 심마니들의 이야기다. 북녘의 드라마답게 양반의 횡포와 수탈, 이에 맞서는 민초들의 꿋꿋한 모습이 감동적으로 그려진다. 물론 남녘 드라마에 빠지지 않는 흔한 멜로는 없다.

이곳에 와서 드라마를 몇 편 보기는 했지만 이 드라마처럼 중독

성이 있는 드라마는 없었다. 다른 드라마들에서는 따뜻한 이웃들의 이야기도 나오고, 가슴을 뜨겁게 하는 역사 이야기도 나오지만 이곳에서 '텔레비죤 문학'이라고 말하는 대본도 허술한 듯하고, 연출도 개연성이 없는 것이 많아 눈과 귀가 오래 머무르기는 어려웠다. 게다가 남녘 드라마에 PPL이 있다면 북녘 드라마에는 체제선전이 있다. PPL만큼이나 뜬금없이 등장하는 온갖 구호와 설명이 몰입을 방해한다. 특유의 과장된 억양과 말투 때문에 아내와 슬기는 자꾸 닭살이 돋는지 팔을 문질러댄다. 나야 방언 조사를 겸해서 열심히 보지만…….

"여보, 저 드라마 말투 언제 어디 말투예요?"

"글쎄, 임진왜란 무렵이고 개성이 배경이니 16세기 개성말이라고 설정하고 하는 거겠지?"

"아빠, 우리 사극하고 말이 정말 비슷하지 않아?"

"사극이 다 그렇지 뭐. 삼국시대나 조선시대나 말이 다 똑같잖아."

"개성 사람들도 표준말 써요? 배경이 개성인데."

"개성은 경기도에 속해 있으니 옛날에도 서울말과 그렇게 많이 다르지 않았어."

그런데 이 드라마는 조금 다르다. 시간이 흐를수록 영상이 나아지는 것은 당연하니 이전의 드라마보다 영상이 꽤 준수하다. 그러나 이미 남녘에서 온갖 화려한 영상을 보고 온 터이니 그것이 눈길을 끌지는 않는다. 무엇보다도 눈에 띄는 것, 아니 귀에 박히는 것은 남녘의 사극을 보는 듯한 말투다. 역사물이니 등장인물들이 옛날 말투를 흉내내는데 그 말투가 남녘의 사극 말투와 별로 다르지 않다. 특히 연기력이 뛰어난 주연급 배우들은 과장된 표정 연기만 아니라면 남녘의 사극에 출연해도 별로 티가 안 날 듯하다.

아내나 슬기도 드라마 속의 말투가 인상적인가보다. 오늘날의 개성은 황해도에 속해 있지만 분단 이전의 개성은 경기도의 일부 였고 말도 서울말과 확연히 차이 나지는 않았다. 하지만 이 드라마 가 이런 지역적 배경과 방언을 고려해서 만들어진 것으로 보이지 는 않는다. 북녘에서도 과거를 배경으로 하는 드라마와 영화가 있 었고, 이들 영화에서 전형적으로 쓰는 사극 말투가 있었다. 〈임진 년의 심마니들〉은 북녘에서 이전에 만들어진 사극 말투에 남녘의 사극 말투를 약간 가미한 느낌이 든다.

그래도 남녘의 사극 말투와 명확하게 구별되는 것이 있으니, '마소이다'와 '주소이다' 등에서 보이는 어미 '소이다'이다. '어'와 '오' 의 발음이 명확히 구별되지 않는 북녘말의 특성 때문에 '서이다'인 지 '소이다'인지 헷갈린다. 어쨌든 남녘의 드라마나 영화에서는 들 어본 적이 없는 어미다. 문헌을 찾아보면 '서이다'는 17세기 이후 의 필사본과 편지에서 가끔 나타난다. 관에서 펴낸 책 가운데《첩해 신어》라는 일본어 학습서에 몇 번 등장하는데 이 책을 쓴 이는 경상 도 진주 사람이다. 그러나 오늘날 진주 사람들이 이런 어미를 쓰는 것 같지는 않고 다른 지역에서도 쓰이는 것을 들은 적이 없다. 과거 에 쓰였던 어미이지만 오늘날에는 북녘의 사극에만 남아 있다.

"전하, 통촉하여 주시옵소서."

"경의 뜻대로 하시오."

"전하, 성은이 망극하오이다. 황공무지로소이다."

북녘의 사극에 '소이다'가 있다면 남녘의 사극에는 '통촉'과 '황공무지로소이다'가 있다. 어전에서 임금과 신하가 언쟁을 벌이는 장면이면 늘 등장하는 전개인데 이 두 표현이 빠지지 않는다. '황공무지로소이다'에 '소이다'가 확인되니 북녘 사극의 '소이다'와 통하기도 한다. 그런데 '통촉'은 뭐고 '황공무지'는 또 뭘까? '통촉洞燭'은 윗사람이 아랫사람의 사정이나 형편 따위를 깊이 헤아려 살핀다는 뜻이고, '황공무지惶恐無地'는 위엄이나 지위 따위에 눌리어 두려워서 몸 둘 데가 없다는 뜻이다. 그 뜻을 곰곰이 생각해보지 않은 채 그저 상황만 보기 때문에 정확히 아는 이가 드물다. 사극이니 으레 쓰는 것이겠거니 하지만 현실에서는 거의 쓰이지 않는 말이고 과거에도 정말로 어전에서 쓰였는지도 불분명하다.

언어의 역사나 방언을 연구하는 사람의 시각으로 사극을 들여다보면 우스운 것이 한두 가지가 아니다. 사극에서는 신라시대 사람이나 조선시대 사람이나 말투가 똑같다. 고구려, 백제, 신라 사람들 또한 말투가 똑같다. 적어도 사극에서는 시대와 지역을 초월한 '단 하나의 말투'만 존재한다. 영화 〈황산벌〉에서 삼국의 말을 오늘날의 사투리와 관련짓기 전, 드라마 〈정도전〉에서 태종 이방원의 말을 진한 함경도 사투리로 설정하기 전까지는 그랬다. 그 시대, 그 지역의 말을 알기도 어렵고, 실제로 구사한다고 해도 알아듣기가 어려우니 그저 사극 말투 하나를 정해놓고 시대와 지역을 초월해

돌려쓰고 있는 것이다.

"아빠, 옛날 평안도 사람들 말은 어땠어? 서울말하고 비슷했어?"

"요즘도 서울말하고 평안도말하고 다른데 옛날에도 다르지 않았을까?"

"저 드라마 보면 옛날 말투는 다 비슷한 것 같은데……."

"옛날에는 평안도말로 된 영어 회화 책이 있었고, 함경도말로 된 러시아어 회화 책이랑 사전도 있었어."

"왜 평안도말이나 함경도말이야? 표준말이 아니고?"

"옛날에는 표준말이 없었잖아. 서울말은 있었겠지만."

옛날 사람들의 말은 오늘날의 말과 다를 것이라는 사실은 누구나 알지만 지역에 관계없이 하나의 말투만 썼을 것이라 오해하는 경우가 많다. 사극의 말투에서 지방색이 드러나지 않고 조선시대에 편찬된 한글 문헌을 봐도 사투리라고 할 만한 것이 잘 발견되지 않으니 말이다. 그러나 과거의 지역 간 언어 차이는 오늘날보다 훨씬 심했다. 교통과 통신이 발달돼 있지도 않았고 표준어에 바탕을 둔 교육도 이루어지지 않았으니 당연한 일이다. 더욱이 서울이 문화의 중심이다보니 당시에도 서울에서 서울말을 바탕으로 한 책이 많이 출간되었기 때문에 그렇게 여기기 쉽다. 사극의 말투 또한 이런 문헌에 많이 기대고 있어 더더욱 서울말과 비슷하게 사극의 말투가 형성된 것뿐이다.

오늘날 외국인이 사투리를 쓰면 웃음을 유발하는 일이 많은데, 한국어 회화 책이 사투리로 되어 있다면 어떨까? 최초의 한국어 회

화 책이라 할 수 있는《한국어 초보Corean Primer》가 1877년 스코틀랜드 출신의 존 로스(John Ross, 1842-1915) 목사에 의해 출간되었다. 그런데 이 책의 내용을 자세히 들여다보면 무언가 좀 이상하다.

▎존 로스의《한국어 초보》

조조상 닥고 즐게 노우시(상 닦고 반찬 놓으시오.)

무순 밥이 잇슴마(무슨 밥이 있습니까?)

니밥이 잇슴메 국 물고기 지짐(쌀밥이 있습니다. 국, 물고기 지짐)

쇼고기가 설러스니 다시 삼가스니(쇠고기가 설었으니 다시 삶겠으니)

양고기가 타뎌 먹지 못하갓다(양고기가 타서 먹지 못하겠다)

'즐게'와 '니밥'은 각각 '반찬'과 '쌀밥'의 평안도 사투리다. '잇슴마'와 '하갓다'에는 평안도말에 나타나는 어미가 쓰였다. 특히 '하갓다'는 지금도 늘 들리는 평안도말이다. 어찌된 일일까? 그 비밀은 존 로스 목사의 한국어 선생님에게 있다. 존 로스 목사는 이응찬이라는 사람에게서 한국어를 배웠는데 이응찬은 평안북도 의주 출신이다. 표준어 개념이 없던 시절이니 존 로스 목사는 이응찬의 평안북도 의주 말을 한국어의 기준으로 삼고 회화 책을 쓴 것이다. 33과로 된 이 책을 열심히 공부한 이라면 평안도말을 꽤나 능숙하게 구사할 수 있었을 것이다.

《한국어 초보》나 러시아의 카잔에서 간행된 한국어 관련 자료는 이 시기의 한국어, 특히 방언을 살펴볼 수 있는 귀중한 자료이다. 특이하게도 두 자료는 표준어나 중앙어가 아닌 변방의 한국어를 반영하고 있다. 《한국어 초보》를 간행한 존 로스 목사는 스코틀랜드 출신으로 중국에서 선교 활동을 하였는데 이때 한국의 기독교인들을 만나 세례를 주기도 하고 성경의 한국어 번역을 돕기도 했다. 이때 만난 기독교인 중의 하나가 평안북도 의주 출신의 이응찬이다. 로스 목사나 이응찬 모두 표준 한국어에 대한 의식이 없었기 때문에 자연스럽게 이응찬의 의주 방언이 책 편찬의 기초가 되었다.

러시아에서도 사전을 비롯한 한국어 관련 자료가 간행되었는데 그 시작은 러시아의 관료 푸칠로가 출간한 1874년의 《노한 소사전Opyt Russko-Korejskago Slovarja》이다. 한인들이 러시아의 연해주에 정착하기 시작하던 무렵의 자료로서 함경북도 경흥의 방언이 반영되어 있다. 20세기 초 러시아의 동방학 연구 중심지였던 카잔에서도 한국어와 관련된 여러 자료가 간행되었다. 교과서, 회화서, 사전 등이 간행되었는데 모두 카잔 사범대학 한국인 학생들의 말을 바탕으로 한 것이다. 이들은 모두 함경북도에서 두만강을 넘어 연해주에 정착한 이들이거나 그 후손이므로 카잔의 자료들은 전형적인 함경북도의 말을 담고 있다.

1902년에서 1904년까지 러시아 카잔에서 《한국인을 위한 철자 교과서Azbuka dlja Korejtsev》《노한 회화Russko-Korejskie Razgovory》《노한 소사전Opyt Kratkago Russko-Korejskago Slovarja》 등이 잇따라 간행된다. 20세기 초에 이역만리 러시아 땅에서 이러한 책들이 간행된 것도 신기한데 더더욱 신기한 것은 그 속의 말들이다. 한국어를 러시아에서 쓰는 문자와 그것을 변형한 것으로 정밀하게 적었는데 그중 몇 단어를 한글 표기로 옮기면 다음과 같다.

아즈바니/아즈마니 – 숙부叔父/숙모叔母
개지 – 강아지
술기 – 수레
아슴태니타 – 감사하다

전형적인 함경북도, 그것도 육진 지역의 말이다. 특히 '아슴태니타'는 연변 지역의 동포나 함경도 지역에서 온 사람들의 말 '아슴채케(감사하게) 어째 이러오'에서 자주 들린다. 어떻게 한국어 회화 책과 사전에 함경도 육진 지역의 말이 실리게 됐을까? 이 책들은 당시 카잔 사범학교에 재학중이던 한국인 강씨, 한씨 등의 말을 바탕으로 집필되었다. 이들은 함경북도 경흥에서 연해주로 이주한 가정에서 출생하였으니 이들의 말은 곧 함경북도 경흥의 말인 것이다.

《한국어 초보》나 《노한 회화》를 비롯한 여러 책들은 과거에 한반도 각 지역에서 서로 다른 말이 쓰였음을 생생히 보여준다. 또한 평안도 변방의 의주말과 함경도 변방의 경흥말도 당당히 '한국어'가 될 수 있음을 보여준다. 오늘날 한국어라 하면 당연히 표준말 또는 서울말만 떠올리지만 표준말과 서울말만이 한국어라야 할 이유는 없다. 옛날 사람들은 오늘날과 다르게 말했고, 오늘날 각지의 사람들도 서로 다르게 말한다. 이렇게 서로 다른 말들이 모여 '한국어'를 이루는 것이다.

옛 회화책에 등장하는 평안도말과 함경북도 말은 꽤나 큰 차이를 보인다. 회화 책은 구어를 바탕으로 하기 마련이니, 각 지역 구어의 차이가 회화책에도 그대로 반영된 것이다. 그런데 구어가 아닌 문어는 상대적으로 차이가 크지 않다. 아니, 문어에는 말의 지역적 차이가 잘 반영되지 않는다. 대체로 오늘날에는 표준어가 반영되고, 과거에는 문화 중심지의 언어가 반영되었다. 표준어든 문화 중심지의 언어든 그것이 문어의 틀로 자리를 잡으면 이후 큰 변화 없이 그 틀이 유지된다.

남녘과 북녘의 말이 크게 차이 난다고 느껴진다면 그것은 구어일 가능성이 크다. 각 지역의 특성이 그대로 반영된 구어의 경우 남녘에서도 지역마다 차이가 큰 듯 와닿는다. 지역적으로 거리가 먼 데다 오랜 기간 떨어져 지냈으니 남녘과 북녘의 구어 차이는 더 크게 느껴질 수 있다. 그러나 문어는 그렇게 큰 차이가 나지 않는다. 단어와 표현 일부, 맞춤법에서 다른 점이 발견되기도 하나 읽거나 듣고 이해하는 데 크게 어려움이 느껴지지는 않는다. 분단 이전에 문어의 틀이 어느 정도 잡혀 있었고 분단 이후에도 남과 북 모두에서 그것이 지켜진 결과다.

사극의 대사에는 묘하게도 문어적인 특성이 있다. 사극 속 등장인물들의 대화는 구어지만 그것은 살아 있는 말이 아니다. 과거에 그렇게 썼을 것이라 여겨지는 말들로 구성된 일종의 문어다. 살아 있는 말이 아니니 잘 변하지도 않고, 그렇게 썼으리라고 믿는 말일 뿐이니 삼국시대든 조선시대든 가리지 않고 쓴다. 남녘과 북녘의 사극에 나오는 말이 별로 다르게 느껴지지 않는 이유가 여기에 있다. 본래 뿌리가 같은 말이고, '만들어진 말'인 사극 속의 말도 분단 이전에 형성된 것을 어느 정도 유지하고 있으니 70년 넘는 세월 동안 떨어져 있어도 큰 차이가 없는 것이다.

사극 속의 말은 남녘말에 가까울까, 북녘말에 가까울까? 남녘의 사극이든 북녘의 사극이든 사극 속의 말은 남녘말에 가깝다. 더 정확히는 남녘의 표준어, 혹은 서울말에 가깝다. 고려의 수도인 개성, 조선의 수도인 한양은 한반도의 중앙에 자리 잡고 있다. 이 지역이 천년의 세월 동안 정치·문화·경제·사회의 중심지 노릇을 했으므로 이 지역의 말이 '중앙어'로서 기능해왔다. 우리가 '옛날 말'로 정해놓고 사극에서 쓰는 말은 이 지역의 말과 닮았다. 북녘에서 사극을 만드는 이들도 무의식 중에 이 지역의 말이 중앙어였음을 인정한 셈이다.

통일 이후 만약 표준어 혹은 공용어를 정해야 한다면 꽤나 복잡한 상황이 전개될 수 있다. 이때 사극 속의 등장인물들이 거의 같은 말을 쓴다는 것은 쓸모 있는 힌트가 될 수 있다. 지금은 남과 북의 말이 달라졌지만 예전의 말은 같거나 혹은 한 뿌리였다는 것을 사극이 말해준다. 그리고 사극 속의 말은 남녘의 말과 상당히 닮아 있다. 남과 북으로 나뉜 채 각기 다른 말로 표준어와 문화어를 제정했지만 본래 그 뿌리는 하나였다. 가지는 갈라져 있어도 가지를 거슬러올라가면 같은 뿌리로 이어진다.

"그만 하시오. 말 때문에 혈육끼리 싸우지 마소이다."

통일 이전의 준비 단계, 혹은 통일 이후 표준어나 공용어를 정하는 단계에서 혹시라도 다툼이 발생한다면 이 대사를 떠올려보는 것도 좋을 것이다.

말

말은 얼룩이 아니다

"슬기야, 식물원 오니까 좋지? 다 보고 동물원도 가자."

"아빠, 그냥 집에 가면 안 돼? 식물이나 동물 다 그게 그거지 뭐."

"슬기 언니, 그러지 말고 가자요. 담배 피는 잰내비 보고 싶지 않아요?"

"예리가 가고 싶담 할 수 없고."

가족 나들이로 나온 평양 중앙식물원에 벚꽃이 한창이다. 평양을 떠날 날이 얼마 남지 않으니 마음이 바빠진다. 꼭 가봐야 할 곳의 목록을 하나하나 지우다보니 식물원과 동물원이 남았다. 사람 많은 곳, 남들 다 가는 곳을 꺼리는 슬기 때문이다. 사실 슬기가 나를 닮았으니 할 말은 없다. 억지로 옮겨다 심은 풀과 나무, 그리고 우리에 가둬놓은 동물들을 시간을 내서 굳이 볼 필요가 있을까?

"벚꽃만 보이고 소나무는 안 보이네요? 소나무 보러 온 거잖아요."

"여기 벚꽃은 벚꽃이 아냐. 벗꽃이지."

"아빠 무슨 말이야? 벚꽃이 아닌데 벚꽃이라고?"

"여기 벚꽃은 받침이 지읒이 아니라 시옷이라고."

"왜 그렇게 써? 지읒 받침이 맞지 않아?"

"언니, 아니야요. 시옷이 맞아요."

식물원에 온 이유는 단 하나 2007년 노무현 전 대통령이 방문했을 때 기념으로 심은 소나무 한 그루를 보기 위해서다. 이유야 어떻든 푸른빛이 조금씩 돌기 시작하는 풀과 나무들을 보니 상쾌한 기분이 들기도 한다. 엉뚱한 소리를 했다가 슬기한테 핀잔을 듣기 전까지는……. 틀린 말을 한 것은 아니다. 같은 꽃나무를 두고 남과 북의 표기법이 다르다. 봄바람에 꽃잎을 흩날리는 저 나무를 남녘에서는 '벚'이라 적고 북녘에서는 '벗'이라 적는다. 어찌 적든 발음은 같다.

그런데 무엇이 맞는 것일까? 과거의 자료를 보면 '벗'이나 '봋'으로 나타나기 때문에 굳이 '벚'이라고 적을 필요가 있을까 싶기도 하다. 그런데 받침의 'ㅈ'과 'ㅅ', 심지어 'ㄷ'이 왔다갔다하는 단어가 몇몇 있다. '친구'라는 단어에 밀린 '벗'은 17세기까지는 '벋'으로 표기되었고 그 이전에는 '벋'으로 표기되었다. '뜻'의 받침은 본래 'ㄷ'이었다가 'ㅅ'으로 바뀌었는데 'ㅈ' 받침은 나타나지 않는다. 상황이 이러니 무엇이 옳고 그른가를 따지는 것은 무의미할 수 있다. 그저 어느 하나를 정해서 사전에 올리면 된다. 그러나 남과 북에 서로 다른 규범과 사전이 있으니 서로가 맞다고 우기면 문제가 된다.

《용비어천가》 2장에는 "불휘 기픈 남ᄀᆞᆫ ᄇᆞᄅᆞ매 아니 뮐씨 곶 됴코 여름 하ᄂᆞ니"란 구절이 나온다. '불휘'는 오늘날 '뿌리'로 바뀌었으니 꽤 많은 변화가 일어났음을 알 수 있다. '곳' 또한 '꽃'으로 변했으니 된소리 및 거센소리로의 변화가 '뿌리'와 '꽃' 모두에서 발견된다. 사실 오늘날 '꽃'으로 쓰고 있지만 '꽃이' '꽃을' '꽃에'를 [꼬시] [꼬슬] [꼬세]로 발음하는 이들이 많으니 '꼿'으로 변해가는 과정이라고 볼 수도 있다. 이렇듯 말은 늘 변하기 마련이니 어느 것이 절대적으로 옳거나 그르다고 단정 짓기 어렵다.

북녘말을 살펴보면 나무의 '가지'는 '아지'로 쓰이고, '나이테'는 '해돌이'로 쓰인다. 과거 문헌에는 '아지'가 등장하지 않지만 평안도를 비롯한 많은 지역에 '아지'가 나타난다. 북녘에서는 평안도 방언에 나타나는 '아지'를 문화어로 정한 것이다. '나이테'나 '해돌이'는 오래된 문헌에는 나타나지 않는다. 남녘 사람들에게 익숙한 '나이테'는 신문을 검색해보면 1960년대가 되어야 나타나기 시작하니 꽤나 최근에 만들어진 말임을 알 수 있다. 과거에는 '연륜年輪'이 주로 쓰였는데 '나이테'나 '해돌이' 모두 이 한자어를 고유어로 푼 것으로 보인다. 이런 경우에도 역시 무엇이 옳고 그른지 판단하기 어렵다.

규범이나 사전과 관계없이 방언에는 여러 말들이 자유롭게 공존하고 있다. 표준어와 문화어라는 용어 자체가 비표준어와 비문화어를 양산해내기도 하지만 이에 아랑곳하지 않고 방언에는 다양한 말들이 여전히 쓰이고 그 힘을 발휘한다. 때로는 방언이라고 여겨지던 것들이 표준이나 문화어의 지위를 얻기도 한다. 때로는 새로이 만들어진 말이 과거에 힘 깨나 쓰던 말들을 밀어낸다. 고유어

'벗'이 한자어로 보이는 '친구親舊'에게 밀려났지만 한자어 '연륜'이 고유어 '나이테'에 밀려나기도 한다. 이렇게 세월이 흐르는 동안 각각의 말들이 서로의 힘을 겨루면서 나이테처럼 흔적을 남긴다. 그런데 나무의 나이테에는 모든 흔적이 남지만 말은 그렇지 않은 경우도 있다. 어느 시기가 지난 뒤 소멸되기도 하고, 특정 지역에서 자취도 없이 사라지기도 한다.

"어드래요. 푸르싱싱하게 잘 자라고 있디요?"

"리 선생님, 푸르싱싱하다구요? 그런 말이 있나요?"

"한 선생님, 기거이 무슨 말이요? 내래 하는 말은 말이 아닌가요?"

"아니 그게 아니라 푸르싱싱하다는 말을 처음 들어서요."

옮겨 심은 지 10년이 넘은 이 소나무는 뿌리가 잘 내린 듯하다. 산에서 흔히 보는 소나무와는 종류가 좀 다른 듯하지만 잘 다듬어진 모습이 '푸르싱싱한' 자태를 뽐내고 있다. 처음 듣는 낯선 단어인데 뜻은 바로 와닿는다. 리 선생님이 급조한 단어인 줄 알았는데 사전을 찾아보니 떡하니 표제어로 올라 있다. 쓰지 않는다고, 혹은 들어보지 못했다고 해서 그런 말이 없다고 믿은 내가 잘못이다. 푸르싱싱한 빛을 내며 쓰이는 말은 아닐지라도 과거의 누군가 썼던, 그리고 이 땅의 어디에선가 쓰는 말이다.

식물원과 동물원은 걸어서 가도 될 만큼 가까운 거리다. 락원 지하철역을 사이에 두고 큰길 하나만 건너면 동물원이다. 동물원 입구의 커다란 호랑이가 인상적이다.

"저기 범 아가리가 입구입니다. 표 떼올 테니 여기 기다리시라요."

❚ 평양 중앙동물원 입구 풍경   © Oleg Znamenskiy

"봄이 아가리가 있나요? 호랑이 아니구요?"

"내래 언제 봄을 봄이라고 햇쇼. 봄이라고 했디. 호랑인 봄이라고 해야 맞디요."

"아빠, 아저씨 그만 놀려. 한두 번도 아니고. 글구 아가리가 뭐야. 품위 없게."

"아가리가 어때서. 아가리니까 아가리라 하지."

동물원에 들어가려면 날카로운 송곳니를 드러내고 있는 호랑이의 입속으로 들어가야 한다. 그런데 리 선생님의 '어' 발음은 끝까지 적응이 안 된다. '범'을 '봄'이라 발음해놓고는 '봄'은 '봄'이라 발음해야 옳고, '봄'은 '봄'이라 발음해야 옳다고 되레 가르친다. 의도한 것은 아니지만 듣는 이들은 리 선생님이 개그를 하는 것처럼

— 말 —

느낄 수도 있다. 여기서는 '호랑이'보다 '범'을 더 많이 쓴다. 평안도 사람들의 '어'와 '오'는 늘 헷갈리지만 '범'과 '봄'은 더 헷갈린다. 하긴 생각해보니 그럴 수도 있다. '버선'과 '보선'이 왔다갔다하고, '보리'를 '버리'라고 발음하는 남녘 사람들도 많다.

그런데 '아가리'는 무슨 잘못이란 말인가. 동물의 입을 '아가리'라 하고 머리를 '대가리'라고 하는 것은 그저 당연한 표현인데 슬기의 귀에 거슬리나보다. '아가리'와 '대가리'가 좋은 뜻으로 쓰이는 일이 없으니 말 자체에 대한 거부감일 수도 있겠다. '주둥이' 또한 마찬가지다. 삐죽 내민 입을 주둥이라 하는데 이 말 역시 사람에게는 결코 좋은 뜻으로 쓰이지 않는다. 아빠 편을 들지 않는 슬기에게 뭐라 했다가는 주둥이가 댓발은 나올 테니 말없이 '봄의 입'으로 들어가는 것이 상책이다.

"한 선생님, 담배 이시오? 한 대 주시라요."

"담배를 못 피우는데 담배 달라는 게 말이 됩니까?"

"한 선생님 담배질꾼 아니어시오? 기래도 사왔디요? 말아초 말고 려과 담배로 사왔디요?"

"그런데 리 선생님도 담배 끊으셨다면서요. 어디에 쓰시려구요."

"저기 잰내비한테 던제보시라요. 보면 아실 겁니다."

'잰내비'는 원숭이인데 우리에 있는 것은 외신에도 알려진 담배 피우는 침팬지다. 관람객들이 던져준 담배를 하루에 한 갑 이상 피운다는 침팬지. 연기를 삼키지는 않는, 소위 입담배를 피우는 것 같지만 그리 보기 좋은 모습은 아니다. 말린 담뱃잎을 말아 피워서

'말아초'라 불리는 담배가 아닌 필터로 '려과'를 해서 피우는 담배라고 하더라도 몸에 좋을 것은 없다. 연신 담배를 피워대는 침팬지 주위로 곳곳에서 담배를 입에 물고 있는 남자들이 눈에 들어온다. 이곳 남자들에게 담배는 기호품이 아닌 필수품이다. 담배보다 더 큰 기쁨을 주는 무엇인가가 생기기 전에는 달라지지 않을 듯하다.

슬기가 동물원을 싫어하는 이유는 또 있다. 초원과 정글을 누비고 다녀야 할 동물들을 철창과 담으로 가둬놓고 사람들의 눈요깃거리로 만드는 것이 싫단다. 아무리 알뜰살뜰히 돌본다 한들 본디 태어난 땅에서 무리와 함께 지내는 것만 할까? 그래서인지 동물들이 하나같이 맥이 없어 보인다. 많은 관람객을 불러모으는 '곱등어' 공연도 쓸쓸해 보이기는 마찬가지다. 이곳에서는 돌고래를 곱등어라 하는데 그 어원이 자못 궁금하다. 강원도에서도 '곱뎅이'라고 부르기는 하는데 남쪽에서는 거의 나타나지 않는 말이다.

동물의 보존과 번식을 위해서 동물원이 필요하다는 이들이 있다. 동물원의 대부분은 관람객들의 눈요기를 위한 것이지만 이런 기능을 하는 동물원이 없는 것도 아니다. 말의 보존을 논하는 이들도 있다. 사용자 수가 줄어들어 곧 사라질 언어나 방언을 보존해야 한다는 주장이다. 원론적으로는 일리가 있어 보이지만 현실적으로는 할 수 있는 것이 없다. 말은 민속촌에 가둘 수도 없고 박물관에 전시할 수도 없다. 그것을 쓰는 사람들의 삶 속에서 살아 움직여야 비로소 보존될 수 있다. 그 사람들이 주류의 언어나 표준어를 선택할 수밖에 없는 상황이라면 남은 방법은 그들을 보호지구나 민속

— 말 —

촌에 가두는 것뿐인데, 그러면 그들이 행복할 리 없고 그들의 말에 생기가 있을 리 없다. 저 우리나 수족관 속의 동물처럼.

"아빠, 저기 있어. 아빠가 보고 싶어 했던 말."

"슬기 언니, 그런데 줄말은 왜요? 왜 보고 싶었나요?"

"정말 줄말이라고 하네? 아빠, 예리도 얼룩말이 아니라 줄말이라고 하네."

시무룩하던 슬기가 갑자기 생기가 넘쳐난다. 슬기의 손끝이 가리키는 곳에 멋진 신사가 서넛 보인다. 흰색과 검은색의 줄이 근사하게 조화를 이룬 말이다. 이전에 아빠가 쓴 책《방언정담》에서 읽었던 걸 기억하는 모양이다.

"얼룩말요? 얼룩이 어디 있나요? 내 눈에는 줄만 보이는데."

"응, 그건 인정. 아빠, 그런데 왜 우린 얼룩말이라고 해?"

"옛날에는 줄말이라고도 했었어. 아빠 태어날 때쯤부터 얼룩말로 굳어진 것 같아."

"왜 이름을 길게 지으시오? 부루말에 점을 찍어야 얼룩말이고 줄을 그었으면 줄말이 맞디요."

말이 우리의 삶에서 중요한 역할을 했을 때에는 말의 종류마다 고유한 이름이 있었다. 털빛이 흰 '백마白馬'는 '부루말'이라 했고, 털색이 불그스름한 한 말은 '절따말'이라고 했다. 얼룩말도 있었는데, 말 그대로 흰 털에 얼룩덜룩한 무늬가 있는 말이었다. 영어로는 '제브러zebra'라고 하는 이 줄무늬 말은 아프리카 초원에나 있었던 말이니 우리에게는 부르는 이름이 따로 없었다. 이 말이 동양에 알

려지기 시작하면서 중국에서는 '반마斑馬'라고 불렀고, 일본에서는 '호마縞馬, しまうま'라고 불렀다. 제브라의 어원을 따져보면 '야생마 wild horse' 정도의 뜻이니 각각은 영어를 직역한 것은 아니다. '斑'은 얼룩이라는 뜻이고, '縞'에는 줄이라는 뜻도 있으니 생김새로 보면 '호마'가 더 맞다. 우리는 '얼룩말'과 '줄말'을 모두 쓰다가 남녘에서는 '얼룩말'로, 북녘에서는 '줄말'로 굳어졌다.

아프리카 초원의 말을 어떻게 부르든 상관이 없어 보이기는 하지만 단어의 뜻을 살펴보면 '얼룩'과 '줄'은 큰 차이가 있다. 얼룩은 원하지 않는데 생긴 것, 그래서 없애야 하는 것이다. 그러나 줄은 의도를 가지고 그은 것, 그래서 그 나름의 의미가 분명히 있는 것이다. '얼룩말'은 희고 흰 부루말이고 싶은데 어쩌다 얼룩이 진 슬픈 말이 되고, '줄말'은 흰 바탕에 검은 줄을 긋거나 검은 바탕에 흰 줄을 그은 멋진 말이 된다. 얼룩말은 어떻게든 얼룩을 제거해야 하는 말이고, 줄말은 어떻게든 줄이 돋보이게 해야 하는 말이 된다.

이것을 초원을 달리는 말이 아니라 우리가 쓰는 말에 적용해보면 더 중요한 의미를 찾을 수 있다. 표준말은 순백의 말이고 방언은 얼룩인가? 사회의 주류가 쓰는 말은 바르고 고운 말이고, 비주류가 쓰는 말은 오염된 말인가? 그래서 방언은 지워야 하는 얼룩이고, 비주류의 말은 걸러내야 하는 오물인가? 방언을 표준어의 대척점에 있는 것으로 보지 않고 '이 땅의 모든 말'로 보면 결코 그렇지 않다. 한국어는 관념 속에만 존재하는 순백의 표준말이 아니라 이 땅에서 쓰이는 모든 말의 집합이다. 과거로부터 현재를 거쳐 미래까지의 연속선상에 있는 모든 말, 한반도는 물론 압록강과 두만강 너머와 그보다 더 먼 모든 지역의 우리 동포들이 쓰는 말도 한국어이다. 또한 계층, 성별, 연령 등에 따라 다를 수 있는 모든 말로 구성된 것이 한국어이다.

통일이 된다면 우리말은 무엇이 되어야 하는가? 흰색으로 완벽하게 통일된 하나의 말을 기대하는 이도 있겠지만 현실적으로 쉽지 않다. 섞이고 어우러지며 더 큰 '이 땅의 모든 말'을 만들어나가야 한다. 누군가 말을 얼룩으로 여길까 걱정이 된다. 누군가 바탕색이 무엇인가를 따질까 두렵다. 말은 얼룩이 아니니 억지로 빼야 할 존재가 아니다. 얼룩말, 아니 줄말의 바탕색과 줄색을 따질 수는 있겠지만 그것이 줄말의 매력을 변화시키지는 않는다. 이 땅의 모든 말이 씨줄과 날줄을 이룬다면 그 굵기와 색은 중요하지 않다. 각각의 줄들이 튼튼하게 짜임을 이루는 것이 중요할 뿐이다.

여행과 국경

부산발 런던행 기차를 꿈꾸며

"한 선생님, 원산에 가고 싶다 햇디요? 돼시오. 허가가 나시오."

"정말요? 잘됐네요. 언제 가나요?"

"래일 당장 가자요. 예리도 수업 빼먹고 놀러간다고 좋답다."

"그런데 어떻게 가나요? 교통편 말입니다."

"렬차로 가자 햇디 않소. 예리 엄마가 인차 표 떼 와시오."

다소 격앙된 리 선생님의 목소리가 수화기를 뚫고 나온다. 오랫동안 기다려왔던 가족여행의 허가가 드디어 났나보다. 평양 시내에서 돌아다니는 것은 비교적 자유로웠지만 평양을 벗어날 때는 반드시 허가를 받아야 했다. 게다가 늘 누군가가 따라다니면서 안내인지 감시인지 모를 것을 했는데 이번에는 아니다. 오롯이 리 선생님네 가족과 우리 가족만 떠나는 여행이다. 물론 리 선생님이 그동안 누군가가 했던 감시를 대신하겠지만 리 선생님의 들뜬 목소리를 들으니 자기절로, 아니 스스로 신나서 안내에만 충실할 것 같다.

평양에서 원산까지 고속도로로 가면 200킬로미터가 채 안 되니 서울에서 전주보다 조금 가까운 거리다. 꽤 일찍 만들어진 고속도로이고 철도에 비해서 훨씬 빠르고 편하게 갈 수 있는 길이다. 그런데도 순전히 내 고집 때문에 열차를 선택했다. 가는 곳이 원산이든 청진이든 상관없다. 열차 속 풍경, 차창 밖으로 보이는 풍경, 열차를 타고 내리는 각지의 서로 다른 말들이 궁금했을 뿐이다. '급행려객렬차'라도 최고 속도가 시속 60킬로미터밖에 안 되니 시속 300킬로미터까지 달리는 남녘의 열차와 비교하면 답답하기 그지없을 듯도 하다. 그러나 지금은 오히려 느린 것이 더 좋다. 비록 정해진 철로 위를 달리는 것이지만 평양도 벗어나고 과잉보호의 눈길도 벗어나니 말이다.

"그런데 왜 열차표를 뗀다고 합니까? 끊는다고 안 하고?"

"끊긴 멀 끊습까? 렬차표는 끈이 아니쟁까?"

"껌도 아닌데 떼긴 뭘 뗍니까, 허허?"

"거 쓸데없는 말장난 그만 하시라요. 떼든 끊든 렬차표를 구한 것만으로도 고마워하시라요."

"그러게요. 기차표 구하는 게 하늘의 별따기라는데 어떻게 그렇게 빨리 구했어요?"

"웃돈 죽신히 주고 구해시오. 돈이면 다 되디요, 뭐."

열차 출발이 지연돼 기다림 칸에서 한참을 대기해야 했다. 드디어 개찰구가 열리고, 수많은 사람과 바리바리 싼 짐으로 붐비는 승강장을 지나 객차에 올랐다. 네 사람씩 마주앉을 수 있는 좌석이라 자리 배치가 애매한데 슬기와 예리가 잽싸게 옆자리에 나란히 앉아 판형 콤퓨터 게임에 몰두한다. 그런데 왜 표를 끊거나 뗀다고 하는 것일까? 다른 언어로는 대부분 산다고 하는데 어찌된 일인지 우리는 끊거나 뗀다고 한다. 누구일까? 처음 이렇게 쓰기 시작한 이가? 언제일까? 이 표현이 남녘과 북녘에서 차이가 나기 시작한 것이. 언어를 파고들수록 기초 단어가 더 어렵게 느껴진다.

그런데 더 어려운 것은 이곳에서 기차표를 사고 떼고 끊는 과정 그 자체다. 북녘의 도로 사정이 남녘에 비해 좋지 않다는 것은 익히 들었지만 열차에 올라보니 금세 실감이 된다. 기차표를 구하는 것도 어렵지만 기차에 오르는 것도 쉽지 않다. 저마다 어찌나 짐들이 많은지……. 다른 운송 수단이 발달되지 않은 탓에 비교적 운임이 싼 기차를 많이 이용하는 데다 휴대 화물에 대한 특별한 제한이 없으니, 말 그대로 이고 지고 들 수 있을 만큼의 짐을 싣는다. 안 그래도 달리기 벅찬 기차가 더 느려지는 이유다.

'써비 열차'가 등장하면서 열차 사정이 조금 나아졌다. 정체를 알 수 없는 '써비'는 도대체 어디서 온 것일까? 영어 '서비스service'에서 온 것이라는 설이 있는데 뜻이 잘 통하지 않는다. 국영 정기 열차는 '인민'을 위해 봉사하는데 이 열차는 돈 많은 이들을 위해 아주 비싸게 봉사한다. 북녘의 전력난 때문에 전기로 운행하는 열차가 제대로 운행되지 못하자 디젤로 움직이는 열차를 편성해 비싼 값으로 운행하는 것이다. 써비 열차의 요금이 국영열차보다 많게는 100배나 비싸지만 정기적으로, 그리고 빠르게 운행되니 시간이 곧 돈인 장사꾼들이나 급한 여행객들에게는 인기가 높다. 그렇다고 모든

게 해결된 것은 아니다. 디젤로 움직이니 전력 수급 상황에는 영향을 받지 않는다지만 동일한 철로를 이용하기 때문이다.

"레루가 많이 노후화됐단 말입니다. 다리도 만든 지 오라고. 굴을 파면 레루를 똑바루 깔 수 있을 텐데 그것도 어렵고……."

"그러네요. 침목도 많이 삭았고, 터널 공사는 비용도 많이 들고 기술도 많이 필요하고."

"그래서 내래 고속도로가 둏갓다 하디 않아시오. 내 낯 뜨겁게 하자고 우정 렬차 타자 한 거디요?"

"일부러 그런 건 맞는데 리 선생님 얼굴 뜨겁게 하려고 그런 건 아닙니다. 저는 일 없습니다."

'터널'은 '굴'로 바꾸어 쓰면서 '레루'는 왜 그대로 쓰는 것일까? '레일'도 아니고 일본식 발음인 '레루'가 영 듣기 거북하다. 레일만큼 낡은 말이다. 북녘 사람들은 남녘 사람들이 외래어를 많이 쓴다고 불만이지만 이 말만은 오히려 역공을 받을 듯하다. 고유어는 아닐지라도 우리말인 '철로'가 아니라 '레일'을 쓴다고. 우리 철도의 역사는 1899년 경인선으로 거슬러올라간다. 미국인 모스J. R. Morse 에게 서울-인천 간 철도 부설권이 주어졌으니 모스가 깔고자 한 것은 '레일'일 것이다. 그러나 최종 부설권이 일본으로 넘어가 결국 '레루'가 된 것이다. 그 말이 100년이 넘은 지금까지 쓰이고 있다. 철로만큼이나 낡은 말이.

북녘의 도로는 특급 도로, 1급 도로, 2급 도로, 3급 도로 등으로 분류된다. 특급 도로는 평양-원산, 평양-개성 간 고속도로를 말한다. 국가에서 지정한 차량만 운행할 수 있다. 1급 도로는 도와 도 경계를 잇는 도로이다. 평안도와 평북도를 잇는 도로로 지도에 굵은 선으로 표시되어 있다. 2급 도로는 도와 시를, 3급 도로는 시와 군을 연결하는 도로이다. 도로 등급에 따라 삐찌(아스팔트), 콘크리트, 흙 등 도로 포장재와 도로 폭이 다르다.

북녘의 철도는 국가 소유인데 특별열차, 일반열차, 화물열차가 운행된다. 특별열차는 수령이 국내외 이동시 이용하는 열차이다. 일반열차는 급행, 준급행, 완행으로 분류된다. 급행열차는 도 소재지의 역에만 정차한다. 준급행은 시·군 철도역에 정차하고 완행은 구·리 철도역까지 모두 정차한다. 완행은 모든 역에 정차하기 때문에 각 지역 상인들이 장사 물건을 타지역으로 유통하는 데 이용돼 장사열차로 불리기도 한다. 최근에는 개인 돈주들이 국영열차를 임대한 후 전기 기관차를 디젤유 기관차로 바꿔 '써비 열차'를 정시로 운행하는데, 높은 운임에도 불구하고 인기가 높다.

"아빠, 그런데 왜 철로가 하나야?"

"왜 하나야? 그건 모노레일이고. 이 철로는 둘이잖아."

"아빠, 그 말이 아니잖아. 자동차도 중앙선 양쪽으로 다니는데 이 기차는 지금 신 하나밖에 없는 철로를 달리잖아."

"단선이니 그렇지. 복선으로 깔아야 양방향으로 달리지."

태블릿 게임에 열중하던 슬기가 창밖을 보더니 뭔가 이상했나보다. 좌우 어느 쪽을 봐도 다른 철로가 보이지 않는다. 단 하나의 철로는 지금 탄 기차가 올라타 있으니 보일 리가 없다. 늘 마주 달리는 전철만 본 세대에게는 이상하게 보일 만도 하다. 단선 시대를 경험한 세대일지라도 역을 지날 때 다른 한켠에서 다소곳이 서서 길을 비켜주던 맞은편 열차를 눈여겨보지 않은 사람이라면 그럴 수 있다. 북녘의 철로는 대부분 단선이니 맞은편에서 스쳐 지나가는 열차를 볼 일이 드물다.

철로를 복선화하는 것은 모두가 바라는 일이겠지만 감상에 젖어서 보면 그리 환영할 만한 일은 아니다. 같은 길에 올라 마주보고 걸어야 만나든지 할 텐데 서로 다른 길에 올라서 있으면 눈길은 마주치지만 바로 스쳐 지나가야 한다. 복선 철로를 볼 때마다 그런 생각이 들었는데 복선 철로를 경험해보지 못했다면 느낌이 오지 않을 수도 있겠다. 캄캄한 굴속에서 스쳐 지나가는 평양 지하철은 타봤겠지만 넓은 들판에서 스쳐 지나가는 열차를 봐야지만 제 맛이 난다.

스쳐 지나가는 것이 싫으면 다른 선택을 할 수도 있다. 복선일지라도 같은 철로에 올라서 마주보고 맹렬히 달리면 된다. 그러나 그 만남은 비극이다. 같은 선에 올라 마주보고 달리다 만나는 것은 '충돌'이라고 표현된다. 빠르고도 육중한 두 열차가 이리 만나는 것은 크나큰 비극이다. 결국 충돌하지 않고 만날 수 있는 곳은 종착역밖에 없다. 혹은 열차로서의 생을 마친 뒤 폐기를 앞두고 나란히 곁에

앉을 수도 있다.

묘하게도 분단 이후 남과 북의 관계는 철로와 그 위에 올라선 열차와 닮았다. 단선 철로에서 서로 마주보고 세차게 달리다 커다란 전쟁과 몇 번의 국지적 전투를 치렀다. 그 이후에는 복선 철로에 올라탄 열차처럼 끝없이 평행선만 달려왔다. 몇 번 만날 기회가 있었지만 그저 스쳐 지나가기만 했다. 레일을 복복선으로 깔아야 나란히 한 방향으로 달릴 수 있다. 그때까지 기다려야 하는 것일까?

"대깁다. 잠깐 내려서 바람 좀 쐴랍니까?"

"역도 아닌데 대기라뇨?"

"전력 사정 때문에 자주 이렇습니다. 그래도 옛날에 비하면 많이 나아데시오."

"그런데 내려도 됩니까? 그러다 열차가 떠나면 어쩌려고요?"

"거 날래 내립소. 어째 그리 겁이 많슴까?"

갑자기 차창 밖의 풍경이 움직이지 않는다. 멈춰 선 열차 속의 사람들이 술렁대기 시작한다. 여기서는 '대기'라고 표현하지만 잠시 대기가 아닌 마냥 기다려야 하는 상황이다. 평양의 전력 사정은 많이 나아졌지만 지방은 여전한 듯하다. 전기로 달리는 열차인데 전기가 제대로 공급이 안 되니 싫든 좋든 대기할 수밖에 없다. 다들 흔히 겪는 일인지 아무렇지도 않게 내리는데 우리 가족만 괜한 걱정이 앞서는 듯하다.

기차에서 내리니 묘한 풍경이 펼쳐진다. 남자들은 멀찍이 가서는 볼일을 보기도 하고 담배를 피워 물기도 한다. 아이들은 여기저기 뛰어다니고 여자들은 대충 깔개를 준비해 바닥에 둘러앉는 모습이다. 그런데 저 멀리 마을에서 사람들이 뭔가를 이고 지고 잰 걸음으로 다가오고 있다. 열차에 탔던 사람들도 은근히 기다리는 듯한 눈치다.

"슬기야, 떡 먹고자프니? 차떡이라메 쉬움떡이라메 있다."

"예리 어머니, 떡도 만들어 오셨어요? 부지런도 하셔라."

"아니, 저기 아즈마이들이 머리에 이고 오지 않슴까? 디과나 감자도 있을 검다."

"차떡은 찰떡이겠고, 디과는 고구마일 텐데 쉬움떡은 뭐죠?"

"거 있지 않슴까, 탁배기로 밀가루 반죽 부풀려 만든 떡."

"아 술떡이요……."

"슬기 언니, 우리는 단설기빵 먹자요. 떡은 맛없어요."

　　1990년대에 북녘에서는 열차를 타려면 7~10일 정도 역에서 기다리는 일이 다반사였다. 당시에는 이동수단이 열차밖에 없었기 때문에 열차를 타기도 어려웠지만 열차 안의 상황은 콩나물시루 이상으로 열악했다. 2000년대 중반에 들어서면서 열차를 새 열차로 바꾸는 동시에 좌석제가 실시되어 그나마 사정이 조금 나아졌다. 기차를 타려면 연착에 대비해 보통 7일분 식사를 준비한다. 열차가 연착되거나 밤이 되면 지루한 시간을 보내기 위해 열차 안에서는 손전지를 켜고, 열차 밖에서는 달빛 아래서 오락회가 진행된다. 한 사람이 오락회를 주도하면 모인 이들이 각자 노래, 춤, 악기 등 다양한 장기를 동원해 흥겨운 웃음판이 만들어진다.

열차가 30분 이상 정차하면 주변 지역 주민들은 '대기차'를 향해 각기 다른 음식을 판매하러 나온다. 떡, 두부밥, 인조고기밥, 돼지발쪽, 낙지, 술, 담배 등 없는 것이 없다. 특히 아침에는 세숫물과 양치물도 판다. 상인들을 통제하는 역전 보안원이 나타나면 빠르게 뛰어가야 하기 때문에 세숫물 비용은 선불이다.

갑자기 남녘의 상습 정체 구간 풍경이 떠오른다. 차들이 많아져 밀리면 어디선가 귀신같이 나타나 뻥튀기나 군밤을 파는 이들 말이다. 사실 이들이 나타났다는 것은 길이 막힌다는 신호이니 이들을 보고 반가웠던 적은 없다. 그런데 이곳도 사정은 마찬가지인 듯하다. 기차가 자주 대기하는 구간에서는 아예 음식물을 미리 준비해서 기다리는 것 같다. 오죽하면 기차가 대기하면 기찻길 옆 마을사람들에게는 경사라고까지 할까. 차에 탄 사람들도 나쁠 것은 없다. 식당 칸이 있다지만 음식 값이 비싸고 가짓수도 많지 않으니 요깃거리를 파는 마을사람들이 반가울 법도 하다.

리 선생님의 편잔은 아랑곳하지 않고 차떡, 쉬움떡, 디과, 감자 등보이는 대로 다 샀다. 남녘의 돈으로 환산해보자면 값이 엄청나게 눅어서 아니, 싸서 그런 것만은 아니다. 평양의 매대에서 파는 것과는 어떤 차이가 있는지 궁금하기도 하고, 마을사람들과 한두 마디라도 말을 붙여보고 싶어서다. 술떡은 남녘에서 먹던 것과 차이가 크지 않은데 찰떡은 단맛이 덜하다. 고구마나 감자는 맛이 다를 이유가 없다. 나나 아내는 이것저것 맛보느라 정신이 없는데 슬기는 예리가 내민 단설기빵에 빠져 있다. 모양새나 색깔을 보니 카스텔라다.

"예리 어머니, 회령에도 기차 다니지요? 20년 전에 매일 두 번씩 다니는 거 봤습니다."

"그걸 어찌 암까? 그것도 20년 전이람서."

"하하, 회령 건너편 중국 삼합 아십니까? 세관 지나서 다리로 두만강 건너면 삼합이잖아요. 거기에서 1999년에 보름 동안 있었습니다."

"삼합엔 무슨 일로 가셨더랬슴까?"

"늘 그렇듯이 방언 조사 때문에 갔었습니다. 그때 마을 초등학교 선생님 댁에 머물렀는데 밤에 몇 번인가 국경 너머의 병사가 두만강 넘어서 우리 일행을 살피고 갔다는데 혹시 예리 어머니 오라버니 아닌가요?"

"한 선생님은 영 꽝포쟁이임다. 어디까지가 사실이고, 어디부터 꽝포인지 알기 어렵잼까?"

다행히 한 시간이 채 안 돼서 기차가 다시 움직이기 시작한다. 이야기가 자연스럽게 20년 전 두만강 건너편에서 함경북도 회령을 바라보던 시절로 넘어간다. 예리 어머니는 거짓말이라고 하지만 전혀 거짓말이 아니다. 당시에는 중국 당국의 특별 허가를 받아야 했을 정도로 변경 중의 변경 지역에서 이루어진 조사였다. 팔매질을 해도 닿을 듯한 거리에 가지 못할 땅이 있었다. 그 땅을 하루 두 차례씩 오가던 기차를 바라보는 심정은 무척이나 착잡했다. 당시는 연길 직항이 없어서 심양으로 가서 하룻밤 자고, 다시 연길로 가서 하룻밤 자고, 용정을 거쳐 사흘이나 걸려서 겨우 도착한 곳이었다. 두만강 건너편의 기차를 타면, 기차가 빠르다면, 기차가 휴전선을 넘어 달릴 수 있다면 하루면 도착할 수 있는 곳이었다.

"예리 또래 아이들은 국경을 어떻게 생각하나요?"

"국경이요? 기딴 게 어디 이시오? 우리한테 국경은 허가 없이 넘으면 죽는 곳입니다."

"저 남녘 부산에서 표를 떼서 기차 타고 영국 런던까지 가는 날이 오면 어떨까요?"

"그게 되가시오? 되더라도 느려서 탈 수 잇가시오?"

국경에 대한 인식은 나라마다 다르다. 섬나라 사람들에게는 바다가 곧 국경이다. 반도 사람들에게는 삼면의 바다와 한 면의 국경이 있다. 그러나 한반도의 남녘은 분단 이후 섬나라가 되어버렸다. 동, 서, 남은 바다이고 북은 총을 든 병사들이 두 겹으로 지키고 있다. 중국·러시아와 접해 있는 북녘 또한 여전히 섬이다. 동서는 바다로 막혀 있고 남북은 철책으로 막혀 있다. 사정이 이러니 남과 북에서 국경 너머란 '갈 수 없는 곳'이다. 자전거 타고 옆집에 놀러 다니듯 이웃 나라에 다녀올 수 있는 유럽 사람들이 가진 국경 개념과는 너무도 다르다.

남과 북의 기차가 연결되고 자유롭게 오갈 수 있게 되면 달라질지도 모르겠다. 일제강점기에 그랬던 것처럼 부산에서 파리나 런던 가는 기차표를 끊을 수 있게 된다면 국경은 넘으면 죽는 곳이 아니라 새로운 세상으로 이어지는 통로가 될 것이다. 그러나 아직 너무 느리다. 지금 타고 있는 기차만큼이나 남북의 협의가 늦어지고 있다. 여전히 마주보며 서로를 향해 돌진하거나, 복선 위의 기차처럼 스쳐 지나가기만 한다. 그래도 부산에서 런던까지 기차를 타고 갈 날은 기대할 만하다. 비행기를 타고 단박에 가는 것도 좋겠지만 정거장을 따박따박 거치며 가는 것도 괜찮다. 그런데, 아무리 그래도 차창 밖의 풍경이 너무 느리게 지나간다. 기차는 느리고, 원산은 아직 멀었다.

▌평양역 플랫폼, 곧 평양을 떠날 열차와 사람들

© Nicor

문화어 수업을
마치며

없는 게 없는 세상이라지만 '한눈에 보는 남녘말 북녘말'이란 스마트폰 앱을 처음 접하고는 적잖이 놀랐다. 겨레말큰사전남북공동편찬사업회에서 만든 앱인데 《한눈에 들어오는 남북생활용어》에 담긴 내용을 앱으로 만든 것이다. 이 앱과 책이 얼마나 고마웠던지. 남북의 말에 대한 자료는 많으나 삶에서 마주치는 각 장면을 중심으로 하는 이 《문화어 수업》에 딱 맞는 자료가 없어 고심하던 차였다. 갈래별로 남북의 대응어를 잘 정리해 놓았을 뿐만 아니라 책의 색인이나 앱의 검색기능을 활용해 필요한 단어를 찾아볼 수 있으니 이 수업을 준비하는 데 구세주 같은 존재였다.

그런데 아차차……. 이 앱이나 책에는 심각한 문제가 있다. 검색해보면 대응어가 나오지 않는 것이 대부분이고, 책의 각 갈래에 실린 어휘나 표현의 수가 극히 적다. '밥'을 검색하면 '도시락'을 뜻하는 '곽밥'은 나오는데 정작 '밥'의 대응어가 없다. '집'을 검색해도

'아파트'를 '아빠트'라고 하는 것은 나오는데 역시 '집'의 대응어는 없다. '옷'도 마찬가지여서 '한복'에 대응되는 '조선옷'은 있어도 정작 '옷'은 없다. 의식주가 우리 삶의 기본인데 이 기본마저도 못하는 앱인 것이다. 책에 실린 단어와 표현만으로 온전한 읽기와 쓰기가 가능할까 의구심이 든다. 적어도 몇 십만 정도의 단어가 실려 있어야 비로소 활용이 가능하지 않은가!

그러나 이것이 현실이다. 앱이나 책이 부실한 것이 아니라 앱이나 책을 채울 단어와 표현의 수가 이것밖에 되지 않는 것이다. 다른 말로 하면 남북의 말 중에 다른 것이 딱 이 정도이고 나머지는 같거나 아주 조금 달라서 언급할 필요가 없다는 것이다. 우리 삶의 기본인 의식주와 관련된 단어 및 표현, 그리고 일상의 기본적인 말에서는 따로 언급해야 할 만한 차이가 없다. 학문이나 기술의 전문분야로 깊이 들어가면 꽤나 많은 목록을 만들어낼 수 있으나 이는 극히 일부의 사람들에게 필요한 것일 뿐이다. 지극히 부실한 앱이나 책은 결국 이 정도밖에 차이가 나지 않는다는 긍정적인 메시지이기도 하다.

되돌아보면 2018년 4월 판문점의 도보다리에서 이루어진 대화에는 통역은커녕 배석자도 없었다. 이전의 남북정상회담도 통역 없이 이루어졌고, 각종 기자회견도 마찬가지다. 신문이나 방송의 보도를 보고 들어도 이해하지 못할 정보는 거의 없다. 분단의 세월이 길었어도, 서로의 체제와 문화가 달랐어도 말의 뿌리는 같다는 증거이다. 그 사이 달라져봤자 기껏 이 정도밖에 안 된다는 것이기도 하다. 이 순간 남과 북의 사람들이 만나더라도, 통일 이후 서로가 한 공간에서 살아가더라도 따로 공부를 하거나 사전을 뒤져야 할 정도의 문제가 아니라는 것이다.

그럼에도 《문화어 수업》이라는 표제를 내 걸고 수업을 진행한 것은 얼마 안 되는 차이를 보이는 동시에 우리 속에 뿌리 깊게 자리 잡은 편견과 오해를 씻어내기 위해서이다. 누군가는 남북 언어 차이가 심각하다는 지적을 끊임없이 해왔고, 대다수가 그렇게 믿어왔다. 차이를 강조해 부각한 책임을 서로에게 물었고, 차이를 과장해 차별할 거리를 만들기도 했다. 그러나 달라봤자 별로 다르지 않고, 그것마저도 이해할 수 있다는 것을 알게 되면 그간의 편견을 지워낼 수 있다. 본래 달랐던 것들도 있고, 달라질 수밖에 없었던 사정을 알게 되면 모든 오해도 불식될 수 있다. 스무 차례에 걸친 이 수업은 오로지 이 목적을 위해 마련되었다.

'같다' '다르지 않다' '다를 수밖에 없다' '달라도 이해할 수 있다'는 말을 수업 내내 반복한 것도 같은 이유이다. '동무'와 '오빠'는 분단 이후 크게 달라졌지만(제11강) 남북 사극 속의 등장인물들은 같은 말투를 쓴다는 점에서 본래 한 뿌리였음을 확인할 수 있다(제18강). 일상의 잔잔한 말을 들여다보면 거친 말투와 섬뜩한 구호에 대한 선입견은 떨쳐버릴 수 있고(제14강), 삶 속 깊이 들어가 보면 서로 다르게 쓰는 은어마저도 이해할 수 있다(제15강). 'ㄹ' 소리가 첫머리에 오는 두음법칙과 'ㄷ'이 'ㅈ'으로 바뀌지 않은 것 때문에 차이가 크게 느껴지지만 인위적인 규정은 자연스럽게 그 힘을 잃

게 될 것이고(제12강) 방언으로서의 특색은 그대로 유지될 것이다
(제8강).

본디 하나였던 것이 둘로 나뉘었으니 당연히 다시 하나가 되어
야 한다고 믿는다. 이 논리는 말에도 똑같이 적용돼 많은 이들이
'언어 통일'을 이야기한다. 그러나 먼저 추구할 것은 '통일'이 아닌
'통합'이다. 달라진 말마저도 자연스럽게 어우러져 더 큰 부피의
'우리말'로 통합해 나가는 것이 필요하다(제1강). 말을 설거지 거리
로 여겨 억지로 지워내려고 할 것이 아니라 자연스럽게 스러지도
록 내버려 두어도 충분하다(제2강). '마이너스'의 방법으로 말들을
솎아낼 것이 아니라 '플러스'의 방법으로 통합해내면 된다(제6강).
혹시라도 문제가 될 만한 것이 있으면 확실한 방법으로 '화학빨래'
를 해야 하는 것은 당연하다(제10강).

강한 삼투작용으로 인해 이미 남녘의 말이 북녘으로 스며들고
있다(제4강). 정부나 기관에서 주도하는 노력에만 기댈 것이 아니
라 방송과 문물이 오고가는 자연스러운 통로를 연다면 말의 통합
은 훨씬 더 빨리 이루어질 수 있다(제9강). 남과 북의 사전 및 규범
에 차이가 있지만(제13강) 이것을 하드웨어가 아닌 소프트웨어로
해결하는 것이 말 그대로 훨씬 더 부드럽다(제7강) 통일은 분단 이
전, 혹은 분단의 세월을 살아온 사람들을 위한 것이기는 하지만 궁
극적으로는 미래 세대를 위한 것이니 말의 통합과 통일도 미래를
살아갈 세대를 기준으로 이루어져야 한다(제16강).

방탄소년단의 〈팔도강산〉에 나오는 "결국 같은 한국말들 올려다

봐 이렇게 마주한 같은 하늘, 살짝 오글거리지만 전부 다 잘났어. 말 다 통하잖아?"는 지금 다시 곱씹어 봐도 가슴이 서늘해질 정도로 감동적이다. 이 땅의 모든 말이 전부 다 잘난 말이니 어떤 말도 '얼룩'으로 보아서는 안 되고(제 19강), 어느 한쪽 말만 응원해서도 안 된다(제 17강). 그러나 뒤이어 나오는 "문산부터 마라도"는 "백두에서 한라"가 아니어서 너무도 아프다. 분단으로 인해 이 세대가 살아온 공간의 크기가 딱 이만큼이니 탓을 한다면 그렇게 좁은 공간 속에 살게 내버려둔 이들을 탓해야 한다. 미래 세대를 위해 부산발 런던행 기차를 꿈꾸어야 하는 이유이기도 하다(제 20강).

"남과 북의 언어 차이가 어느 정도인가요?"
"남과 북의 말 차이를 가장 크게 보여주는 사례가 뭔가요?"
"북한말 중에서 재미있는 사례 몇 개만 들어주시겠어요?"
《문화어 수업》을 듣지 않았거나 들었더라도 꼼꼼하게 듣지 않은 이가 이렇게 물을까 걱정이다. 이 물음에는 답을 하지 않을 생각이다. 이런 질문이 사라지게 만드는 것이 이 강의의 목적이니 말이다.

"꽝포 떨디 마시라요. 우리는 기렇게 말하디 않습네다."
"새로운 말 공부 좀 더 합소. 내 배워주겠슴다."
부끄럽겠지만 언제나 환영할 말이다. 가보지 못한 땅의 말을 관찰과 기록에 의지해 엮었으니 거짓말 아닌 거짓말이 있을 수밖에 없다. 그 땅에 살았지만 오래전에 떠나 희미한 기억을 떠올려 써나

갔으니 이미 달라진 말이 있을 수 있다. 이런 것들은 언제든지 고쳐 갈 생각이다. 아니 고칠 필요가 없을 수도 있다. 거짓말, 혹은 옛날 말로 치부되는 것조차도 모두 이 땅의 모든 말로 포용해 익히면 되는 것이다.

"남북의 언어 차이는 분명하고, 그것을 통일해야 하는 것이 국어학자의 임무인데 너무 무책임하게 개인적인 생각을 늘어놓은 것 아닌가요?"

이러한 꾸짖는 말 역시 환영한다. 저마다의 다른 생각마저도 모두 통합해 나가면 된다. 수업은 선생을 위한 것이 아니라 학생을 위한 것이다. 틀린 생각, 그릇된 지식을 전달하는 수업일지라도 학생들은 걸러 듣고, 새겨들으리라 믿는다.

문화어 수업

초판 1쇄 발행 2019년 8월 12일
초판 3쇄 발행 2020년 8월 20일

지은이   한성우, 설송아
발행인   김형보
편집   최윤경, 박민지, 강태영, 이환희, 최승리, 이경란
마케팅   이연실, 김사룡, 이하영
경영지원   최윤영

발행처   어크로스출판그룹(주)
출판신고   2018년 12월 20일 제 2018-000339호
주소   서울시 마포구 양화로10길 50 마이빌딩 3층
전화   070-5080-0459(편집) 070-8724-5877(영업)
팩스   02-6085-7676
이메일   across@acrossbook.com

ISBN 979-11-90030-14-4 03710

이 도서의 국립중앙도서관 출판시도서목록(CIP)은 e-CIP홈페이지(http://www.nl.go.kr/ecip)에서
이용하실 수 있습니다. (CIP제어번호: CIP2019028311)

만든 사람들
편집 | 이환희
교정교열 | 김정희
표지 디자인 | [디자인 서-랍] 이유나
본문 디자인 | 박은진

＊이 책은 인하대학교 일반교수연구비(58362) 지원의 결과물입니다.